구독 서비스

똑똑한 판매자 현명한 소비자

박의서 저

Subscription
Services

YoungJin.com **Y.**
영진닷컴

똑똑한 판매자 현명한 소비자
구독 서비스

ISBN 978-89-314-6611-9

독자님의 의견을 받습니다.

이 책을 구입한 독자님은 영진닷컴의 가장 중요한 비평가이자 조언가입니다. 저희 책의 장점과 문제점이 무엇인지, 어떤 책이 출판되기를 바라는지, 책을 더욱 알차게 꾸밀 수 있는 아이디어가 있으면 팩스나 이메일, 또는 우편으로 연락주시기 바랍니다. 의견을 주실 때에는 책 제목 및 독자님의 성함과 연락처(전화번호나 이메일)를 꼭 남겨 주시기 바랍니다. 독자님의 의견에 대해 바로 답변을 드리고, 또 독자님의 의견을 다음 책에 충분히 반영하도록 늘 노력하겠습니다.

주 소 : (우)08507 서울특별시 금천구 가산디지털1로 128 STX-V 타워 4층 401호

이메일 : support@youngjin.com

※ 파본이나 잘못된 도서는 구입처에서 교환 및 환불해드립니다.

STAFF

저자 박의서 | **총괄** 김태경 | **진행** 김연희 | **표지 · 내지디자인** 김효정 | **편집** 김효정, 이다솜

영업 박준용, 임용수, 김도현 | **마케팅** 이승희, 김근주, 조민영, 채승희, 김민지, 임해나, 김도연, 이다은

제작 황장협 | **인쇄** 제이엠

머리말

　　구독은 좁은 의미로는 정해진 기간 동안 비용을 지불하고 필요한 제품이나 서비스를 정기적으로 제공받는 것을 뜻하지만, 개념을 넓게 확장하여 생각하면 이를 포함하는 모든 경제적인 활동을 의미한다고 할 수 있다. 예전에는 신문이나 잡지 구독, 우유 배달 등 한정적인 대상에서 주로 이용되어 왔지만, 이제는 먹고 마시고 즐기는 모든 분야에서 그 대상과 영역이 확대되고 있다. 구독은 우리의 일상생활 곳곳에 빠르게 스며들며 변화를 가져오고 있는데, 이러한 배경에는 급속한 기술의 발전과 더불어 달라진 소비 트렌드를 들 수 있을 것이다. 바로 ICT 기술의 발달과 함께 플랫폼 시장 성장에 따른 소비 방식의 변화이다. 물건을 소비하는 형태가 소유에서 구독으로 바뀌어 가고 있음에 주목해야 하는데, 상품이 부족하던 과거에는 어떡하든 소유가 목적이었다. 즉, 상품을 구매해야만 사용할 수 있었기 때문인데 내 것이 아닌 상태에서는 사용을 해볼 방법이 없기 때문이다.

　　하지만 기술의 발달과 제조 설비의 효율화에 따라 대량 생산이 가능해지면서 생산과 공급이 넘쳐나는 시대가 되고 이제는 상품을 구매하여 소유하는 것보다는 그 상품을 통한 경험과 가치가 보다 중요하게 여겨진다. 하나를 소유하는 것보다 다양한 상품을 경험하고 가치를 느끼고자 하는 흐름이다. 결국 다양한 선택지가 존재하려면, 딱 한 개를 소유하는 것보단 여러 개를 경험할 수 있는 구독 모델이 필요하게 된 것이다. 영화 하나를 다운로드하여 영원히 소장하는 것보다, 넷플릭스를 구독하는 것이 콘텐츠 선택의 폭도 넓고 즐거움의 가치도 크기 때문이다.

　　4차 산업혁명을 계기로 산업화가 가속화되면서 제조업 중심 구조가 서비스 산업으로 급격하게 옮겨가고 있다는 것도 중요한 요인으로 작용한다. 첨단 기술을 바탕으로 산업 간의 경계가 모호해지면서 기존의 비즈니스 모델을 뛰어넘는 새로운 모델이 계속해서 등장하며 주목받고 있다. 제공자와 사용자로 명확하게 구분되던 시장은 제공자, 중개자, 사용자로 변화하였고 소유의 가치는 경험의 가치로 이동 중이다. 공유 모델의 대표주자인 우버Uber의 예를 보더라도 주력 사업을 둘러싼 경쟁이 치열해지면서 월 25달러를 내는 구독 서비스를 통해 요금 할인, 무료 배달 서비스를 선보이며 경험의 가치를 더욱 우선시하고 있다. 단골 고객 확보를 위해 이제는 경계 자체가 모호하다. 제조사는 구독을 통해 판매 방식을 변화시키고 있고 서비스 제공자와 이용자 사이를 구독 모델이 연결하며 틈을 메워 가고 있는 모습이다.

　기업은 성장을 위한 꾸준하고 안정적인 캐시 카우가 반드시 필요한데, 히트 상품이 계속해서 나오지 않고는 안정적이고 고정적인 수익을 기대하기 어렵다. 구독은 이런 이유에서도 기업에게 환영받는 모델이 되고 있다. 일정 금액이 매달 수익으로 잡히면 안정적인 서비스 운영은 물론이고 미래 가치를 인정받는데도 유리하기 때문이다.

　쿠팡은 설립된 지 10년 만에 누적 적자 4조 원이라는 핸디캡을 이겨내고 미국 상장을 통해 대한민국 1호 유니콘 기업이 되었다. 엄청난 적자 기업임에도 불구하고 매년 꾸준하게 늘어나는 이용자 수와 더불어 1인당 객단가의 증가가 기업 가치에 반영되었기 때문이다. 이제는 기업도 현재가 아닌 미래의 가치로 평가받는 시대이며 미래 가치를 인정받는 해법에는 구독 모델이 대안이 될 수 있는 것이다.

　이 책을 읽다 보면 이용자 관점 그리고 제공자 관점에서 폭넓게 구독 서비스를 이해할 수 있게 된다. 구독은 오래전부터 익숙하게 사용되던 용어이다 보니 단어 자체의 거부감이 적다. 하지만 구독의 속내를 들여다보면 그 깊이가 무한하다. 이용자는 편리함과 합리적인 비용을 먼저 떠올리지만 기업에게 구독은 꼭 붙잡아야만 하는 단골 고객이며 미래 가치의 기반이다. 이용자에게 구독은 '좋아요'를 눌러 내가 구독하는 유튜버를 후원해 주고 싶은 따뜻한 마음이기도 하지만 때론, 일면식도 없는 타인과 넷플릭스의 구독료를 나눠 내는 새로운 인간관계를 만들기도 한다.

　이 책은 앞부분 '구독 서비스 이해하기'를 읽고 난 이후에는 순서와 상관없이 읽어도 무방하다. 되도록 쉬운 이야기로 서비스 개념과 사례를 설명하였기에 무리 없이 읽어 내려갈 수 있을 것이다. 때로는 구독 사례 중에 대표 기업이 중복되어 표현되기도 하는데 이는 대표 기업의 사례를 통해서 좀 더 알기 쉽도록 이해를 돕기 위한 것이다. 이 책에는 구독 서비스를 이해하는데 있어서 잠재적인 문제점과 고려 사항들도 함께 설명되어 있어 읽다 보면 하나의 맹목적인 시각이 아닌, 다양하고 객관적인 시각으로 바라볼 수 있는 힘을 가지게 될 것이다. 우리 주변의 변화하는 움직임을 지켜보다 보면 누구보다 한발 먼저 변화를 기회로 만들 수 있는 힘을 얻을 수 있다. 변화하는 환경 속에서 즐겁고 유쾌한 일상을 만들 수 있는 작지만 커다란 기회가 이 책에 자세하고 진솔하게 담겨져 있다.

저자 박의서

3   4차 산업혁명과 구독 서비스

4   구독 서비스가 넘어야 할 산

Chapter

5 생활 속 구독 서비스 사례

구독 서비스
이해하기

Intro 우리 곁에 다가오는 구독 서비스

구독 서비스는 적절한 마켓을 찾아 큐레이션 서비스를 제공하면 다른 소매 비즈니스에 비해 저비용으로 이용자에게 쉽게 다가갈 수 있다는 장점이 있다. 오늘날 개인화된 브랜드는 새로운 마케팅의 표준이 되곤 한다. 고객은 언제나 자신에게 특화되어 있는 서비스에 더 많은 금액을 지불할 의사가 있으며, 구독 서비스는 이러한 니즈를 만족시킬 좋은 기회이자 적용 모델이다. 물론 이것은 이용자의 만족도가 높은 큐레이션 서비스가 전제이며 이득이 되지 못한다고 느끼면 언제든 바로 구독자가 이탈하는 경쟁이 치열한 시장이기도 하다. 따라서 꾸준하게 서비스 이용자를 유지하기 위해서는 적절한 요금 방식의 채택, 개인화된 큐레이션 구성, 차별화된 구독 모델의 설계 등이 필요하다.

구독 서비스의 가장 기본적인 유형을 생각해 보면 크게 상품군과 제공 방식에 따라서 일반적으로 멤버십형, 렌탈형 그리고 정기배송형으로 나누어 생각해 볼 수 있다. 우선 멤버십형 구독은 소비자가 일정 주기에 맞춰 이용료를 지불하고 상품이나 서비스를 무제한 혹은 부가적으로 이용할 수 있는 형태이다. 넷플릭스, 멜론, 밀리의 서재 등이 여기에 해당된다. 각각의 제품이나 서비스를 구매할 때보다 더 큰 가치를 얻을 수 있다고 느낄 때 매력이 발휘되는 특징이 있다. 렌탈형 모델은 한 번에 비싼 금액을 지불하고 구매하기에는 다소 부담이 될 만한 가구나 자동차와 같은 내구재, 럭셔리 고가 제품 등에 흔히 적용되는데, 제품이나 서비스를 이용자에게 대여해 주는 대가로 매달 일정한 요금을 받는 형태다. 여기서 렌탈형 구독과 기존의 렌탈 방식은 약간의 차이가 있다는 것을 이해해야 한다. 우선 고객에 대한 사업자의 인식이 다르다. 렌탈형 구독은 고객과의 관계를 재규정하는 새로운 언어로써 고객과 가까워지는 것을 목표로 하며 고객에게 인정받는 것을 목적으로 한다. 따라서 구독의 대상이 되는 상품의 가격, 혹은 구독의 대가는 고객의 지불 의향에 맞추게 된다. 하지만 지금의 렌탈 서비스는 권장소비자 가격에 높은 이자를 추가하는 금융 관점에서의 가격 산출 방식을 택하고 있다. 고객은 당장 전체 금액을 지불할 수 없기에 렌탈을 선택하는 것이지 이 사업자와의 관계 재정립을 위해 선택하는 것이 아니다. 즉, 가격 정책의 지향점이 본질적으로 서로 다르다. 또 다른 하나는 해지의 자유로움이다. 구독은 상품 서비스를 제공함에 있어 고객의 선택을 목표로 한다. 만약 고객이 상품에 만족하지 못하면 다른 상품으로 그 불만족을 대체해야 하고 이를 통해 고객과의 관계를 계속 유지하려 한다. 때문에 고객이 상품에 만족하지 못해 구독을 해지한다면 이는 상품의 매력이 떨어지는 것이기에 서비스 자체를 재설계해야만 한다. 해지가 자유로운 만큼 치열하다. 하지만 현재 우리가 알고 있는 렌탈 서비스에는 해지 개념이 없다. 해지는 본래의 소비자 가격과 이자를 모두 지불해야 선택할 수 있는 옵션이기 때문이다. 예를 들자면 고객이 원하는 것은 현대 자동차를 통해 차량에 대한 나의 니즈를 해결하는 것이지 현대가 만들어낸 차량으로 그 니즈를 해결하는 것이 아니다. 따라서 현대 차가 차량 구독 서비스를 한다면 고객이 원하는 다양한 차량, 예를 들자면 BMW Mini를 구독 포트폴리오에 포함시켜야 할지도 모르는 것이다. 마지막으로 정기배송형은 필요로 하는 상품에 대해 주기를 지정하여 받아볼 수 있는 형태로, 우리가 흔하게 알고 접하는 구독 서비스다. 매번 구매하던 과정과 행위 자체가 간소화되어 구매의 효율성이 증대되는데 일반적으로 생수, 요구르트, 기저귀 등 생활필수품과 같은 소모품 성격의 소비재가 정기배송 유형으로 제공되곤 한다. 전형적인 구독의 형태이지만 최근에는 여기에 큐레이션 기능이 부가되면서 차별화 요소로 작용하기도 한다. 각각의 자세한 내용은 챕터 안에서 세부적으로 다루고 있으니 차근차근 알아가 보도록 하겠다.

01 구독 서비스란 무엇인가?

"한 번의 월정액으로 즐기는 무제한 콘텐츠. 지금 바로 가입하고 수만 편의 영화와 드라마를 즐기세요." 인터넷 화면에서 이런 광고 문구를 본 적이 있을 것이다. 이 문구는 바로 오늘날 세계 최대의 영상 스트리밍 기업인 넷플릭스의 구독 서비스 광고 문구이다. 한 달에 일정 금액을 지불하고 가입 기간 동안 서비스를 무제한 제공받는 구독 서비스를 가장 잘 표현한 문구이기도 하다.

구독 서비스란 매달 구독료를 내고 필요한 물건이나 서비스를 제공받는 것을 말한다. 경우에 따라서 형태가 할인이 될 수도 있고 무제한 이용권이 될 수도 있으며, 정기 점검이 될 수도 있다. 유무형의 모든 상품과 서비스를 가리지 않는다. 구독은 고객과의 관계 재정립을 통해 만들어지는 새로운 사업 모델이기도 하다. 이 과정에서 데이터가 축적되기도 하고 고객의 충성도가 높아지기도 한다. 그동안 구독 모델이 많이 적용되었던 서비스 영역에서는 데이터라는 새로운 도구가 구독을 이해하는데 중요한 요소로 자리매김하고 있다. 반면 구독이 제조업, 혹은 실물 상품에 적용되는 경우는 새로운 사업 방식으로의 전환을 의미하는데, 이 때문에 구독 서비스를 이해하려면 서비스와 상품 구독을 구분할 필요가 있다. 먼저 서비스 구독은 우리가 이해하기 쉬운 모델이다. 구독의 개념 자체가 고객이 정기적으로 서비스 이용을 약속하는 것이기에 고객은 자신의 지불 비용을 최대한 소비하기 위한 노력을 하게 된다. 넷플릭스에 가입하면 한 달에 최대한 많은 콘텐츠를 소비하려고 할 것이다. 만약 생각한 것보다 콘텐츠 이용이 적었다면 구독의 해지로 이어질 것이다. 따라서 구독 서비스 사업자는 구독의 중단을 막기 위한 노력을 지속한다. 다양한 콘텐츠를 꾸준히 업데이트하고 요금 체계를 개선하며 그동안의 서비스 이용 패턴을 분석하여 특화된 큐레이션을 제공하기 위해 노력할 것이다. 이것은 과거 서비스를 단품으로 제공하던 시절의 고객 관리와 다른 관점이다. 이용자의 소비 빈도가 증가하거나 혹은, 반대로 감소하는 패턴이 주는 신호를 이해해야 한다. 이 잦은 빈도가 데이터라는 새로운 도구를 만들어 낸다는 점이 기존의 고객 관리와는 다른 새로운 측면이다. 즉, 서비스 구독에서 가장 중요한 것은 데이터가 만들어지고 이 데이터가 구독 유지의 핵심 수단이 된다는 점이다. 서비스 구독은 우리가 아는 넷플릭스, 멜론, 밀리의 서재 등 콘텐츠 서비스 전반에 일반화되었고 한걸음 더 나아가 오프라인 서비스와 연결된 구독으로 확장되고 있다. 전자상거래의 배송 구독은 쿠팡, 지마켓 등에서 이미 시작되었고 헬스클럽, 호텔, 식당 등도 월 회비를 기반으로 한 구독형 서비스를 지속적으로 만들어 내고 있다. 물론 형태는 멤버십이라는 이름으로 이미 예전에 존재하였고, 데이터라는 새로운 가치가 창출됨에 따라 구독으로 향유할 수 있는 가치가 높아졌다는 점이 달라진 것이다. 이런 맥락에서 무제한 이용이라는 새로운 시도가 일반화되기 시작했고 무제한을 뒷받침할 수 있는 요금 설계가 보다 더 중요해지고 있다.

▶ 세계 주요 OTT_출처 구글 검색

　　서비스에서의 구독이 일반적이었다면 실물 상품에서의 구독은 전혀 일
반적인 것이라고 할 수는 없다. 상품은 한 번 사용하면 중고품이 되기 때문
에 구독이란 개념하에서의 자유로운 사용은 다수의 중고품을 만들어내는
결과를 낳기 때문이다. 그리고 실물 상품은 서비스와 달리 인간의 소유라는
본능과도 밀접한 관련을 갖고 있다. 그러나 1인 가구의 등장, 고령화, 저성
장과 공유 개념의 보편화 등이 만들어낸 사회 변화는 서비스가 아닌 실물 상
품의 영역에서도 구독의 개념을 요구하고 있는 추세이다.

　　ICT적인 측면에서 본다면 클라우드 시스템, 블록체인, 큐레이션 등으
로 무장한 디지털 플랫폼은 소유보다 경험에 가치를 두는 밀레니얼 MZ 세
대가 이용자 층으로 이동하며 세세한 이용자의 니즈에 부합하기 위한 가장

적합한 모델이 되고 있다. 구독이라는 소비 방식은 디지털 기술 기반의 인프라를 통해 세밀한 개인 맞춤형 서비스가 가능해지며 강력한 힘을 얻고 있는데 그러면서 이용자의 니즈를 더욱 확실하게 공략할 수 있다.

구독은 본질적으로 공유의 개념을 포함하고 있다고 해도 과언이 아니다. 과거 내가 혼자 구입하여 비효율적으로 사용하던 자동차를 10명이 공유해 더 저렴한 가격으로 사용한다는 개념은 이미 많은 사람들이 동의하고 있는 부분이다. 그 대상도 자동차에서 가전제품, 나아가 모든 상품으로 확장 중이다. 하지만 우리가 흔히 알고 있는 공유와 구독은 상이한 개념으로 이해할 필요가 있는데 이것은 다음 세션을 통해 상세하게 설명하도록 하겠다.

결론적으로 구독을 이해하는 새로운 관점은 서비스와 상품으로 구분해서 바라봐야 한다는 것이다. 상품이란 누군가에게 전달될 수 있는 형태를 가진 것을 말하는데 일반적으로 소유권을 판매자가 구매자에게 이전하는 것을 포함한다고 할 수 있다. 반면 서비스는 개별적으로 식별할 수 있고 원하는 것을 만족시키는 무형의 활동을 포함하는 것으로 포괄적으로는 유형의 상품을 포함한다. 아마도 상품과 서비스의 주된 차이점을 얘기해야 한다면 전자는 생산되는 것이고 후자는 수행되는 것으로 구분할 수 있을 것이며 상품에는 반품이 있지만 서비스에는 이와 유사한 해지가 있다. 이러한 구분을 통해서 구독에 대한 이해를 높일 수 있다.

02 공유 서비스 판매 방식의 변화

공유 서비스는 무엇이고 구독 모델과는 어떤 연관 관계가 있는 것일까? 구독 모델은 공유와의 차이점을 통해서 더 깊게 이해하고 활용할 수 있다. 이를 위해서 먼저 공유 서비스에 대한 이해가 필요하다. 미국 하버드대의 로렌스 레식 교수는 상품이나 공간을 여럿이 공유해서 쓰는 공유 서비스가 미래 경제 모델이 될 것이라고 예견하였다. 그 후 공유 서비스는 집, 자동차, 사무실 등 각종 상품들과 공간을 공유하는 비즈니스 모델로 성장하게 되고 우버, 에어비앤비, 위워크 등의 새로운 글로벌 기업이 생겨났다.

원래 공유 서비스는 한 번 생산된 상품을 여럿이 함께 공유하고 이용하여 더 효율적으로 재화를 소비하고자 했던 경제 모델이 근간이다. 그러나 상품을 보유하고 있는 공급자와 이를 필요로 하는 수요자 사이를 연결해주는 플랫폼 사업자들에게 부가 편중되는 플랫폼 경제로 변질되어 버리면서 우버나 에어비앤비처럼 많은 회원을 가지고 있는 사업자들의 영향력이 더욱 커지게 되고, 높은 중개 수수료 요구 등의 부담이 생기게 되었다. 게다가 이용자가 알아서 중개 플랫폼을 거치지 않고 공유하며 이용하는 일종의 자급자족 형태의 모델이 형성된다면 더 치명적일 수밖에 없다는 단점이 있다. 차량 공유 플랫폼 쏘카의 이용이 증가하면 증가할수록 자동차를 판매해서 매출을 올리는 완성 자동차 업계는 당연히 커다란 위협이 된다. 새로운 차를 출시하고 판매해야 하는 자동차 업계 입장에서는 기존 생산된 자동차를 서로 번갈아 가며 이용하는 모델이 활성화되는 것이 그리 반가운 모습은 아닐 것이기 때문이다. 이러다 보니 원래의 취지였던 효율적인 자원 활용과 사회적 비용을 줄이자는 공유 서비스의 본질은 사라지고 오히려 사회적 갈등을 유발하고 경제 성장을 저해시키는 비즈니스 모델로 인식되기도 한다.

반면 구독 서비스는 기존 사업자 자신들의 판매 방식을 구독 모델로 변화시키는 것에서 출발한 모델로써 기존에는 한 번 지불하는 것으로 상품이나 서비스의 소유권을 이용자에게 넘겼다면, 이제는 이용 기간만큼 구독료를 지불하면 상품이나 서비스의 이용 권한을 이용자에게 부여하는 방식으로 판매 방식을 바꾸는 것이다. 기존 산업 플레이어가 주도하는 변화이기 때문에 사회적 갈등을 유발하지 않으면서 산업을 발전시킬 수 있는 모델이 된다. 구매를 망설이던 이용자에게 경쟁력 있는 가격으로 경험을 제안하여 더 많은 이용자를 충성 고객으로 만들 수 있는 가능성이 생긴다.

전통·공유·구독 경제 비교

비고	전통 경제	공유 경제	구독 경제
소유 및 이용권	소비자가 소유권을 가짐	소비자가 일정 기간 점유·소유권을 가짐	소비자는 일정 기간 회원권만 가짐
대금 지불 방식	소비자가 생산자에게 한꺼번에 지불	점유·소유 기간에 따라 비용 지불	일정 이용 기간만큼 비용 지불
소비자의 선택	한 번 구매하면 바꿀 수 없음	선택권이 있으나 수시로 원하는 대로 바꾸기 힘듦	회원권 범위 내에서 수시로 원하는 대로 바꿀 수 있음

▶ 전통·공유·구독 경제 비교_출처 KB금융지주경영연구소

공유 경제나 구독 경제의 핵심은 '상품을 사는 것'에서 '서비스를 경험하는 것'으로 전환하는 것이다. 비싸게 산 뒤 한 번 쓰고 버리거나 처박아 두는 것보다 싼 가격에 사용을 공유해 자원을 효율적으로 활용하고 사회적 비용을 줄이자는 것에서 둘의 맥락이 같다. 때론 구별하기가 애매한 경우도 많다. 개념이 비슷해 구독 경제나 플랫폼 경제에 가까운 서비스나 모델이 공유 경제로 포장되는 경우도 종종 있다. 렌탈 서비스의 경우 공유를 하면서도 구독의 성격을 갖고 있기 때문에 둘을 완전히 다른 개념으로 보기 어렵다. 공유 경제와 구독 경제는 공통적으로 소유를 버리고 사용 경험을 중시한다는 것에 의미가 있는데 구별하자면, 공유 경제는 기본적으로 생산된 제품을 여럿이 공유하는 것이고 구독 경제는 제품의 효용성을 기반으로 한 개인별 맞춤 서비스라는 것에 차이가 있다.

공유 경제는 소비자가 중개 플랫폼을 통해 제품 및 소유자와 거래해 일정 기간 경험하는 모델인데 반해 구독 경제는 공급자가 제품 및 서비스의 판매 방식을 구독으로 바꿔 소비자가 일정 기간 경험하는 모델이다. 소유가 아닌 경험을 제공하고 경험한 만큼 대가를 지불하게 한다는 점은 비슷하지만, 핵심 플레이어가 공유 경제는 중개 플랫폼이고 구독 경제는 공급자라는 점에서 차이가 있다. 또한 공유 경제는 일부 덩치가 큰 플랫폼 기업이 주도하는 경향이 있지만 구독 서비스는 동네의 작은 수제 커피 가게의 주인도 쉽게 적용할 수 있는 모델이란 점에서 차이가 있으며 확장성 면에서도 다르다. 이것은 구독이 갖고 있는 특징으로, 누구나가 쉽게 기존 서비스에 접목하여 서비스 차별화를 꾀할 수 있으며 서비스 또는 제품의 판매 방식에 다양한 선택지를 만들 수 있다. 커피 가게에서는 기존처럼 커피를 판매하면서도 구독 서비스를 통해 월 일정 금액을 지불한 고객에게는 매일 커피 한 잔을 제공하는 서비스를 병행할 수 있다. 원두의 산지와 품종, 재배법이나 정제법 등이 달라지는 것이 아니라 모든 것은 동일한 상태에서 판매 방식에 옵션 하나가 더 추가된다. 서비스 제공자는 손쉽게 제품 혹은 서비스에 차별화와 확장성을 높일 수 있다. 고객에게 그만큼 선택권을 부여할 수 있는데, 이는 탄력적인 선택권이다. 이용자는 선택권이 늘어남으로 인해 만족도가 상승하고 제공자는 큰 힘을 들이지 않고도 서비스 차별화가 가능하다. 그리고 서비스의 건전성을 확보할 수 있어 단골에 유리하다. 서비스 건전성이란 추가적인 서비스 투자 없이 안정적으로 새로운 모델을 적용해 볼 수 있다는 것을 의미하며 이것은 고객과의 관계 개선에 유리하다. 또한 반복적인 판매를 통해 고객을 이해할 수 있게 되는데 가격은 적정한지, 선호하는 원두는 어떤 것인지 적정성과 개선점을 동시에 파악해 볼 수 있다. 구독 서비스의 판매 방식을 통해 이용자와 판매자 모두가 만족할 수 있는 연결고리를 찾게 된다.

03 각기 다른 유형의
구독 모델

먼저 구독 서비스 유형으로, 앞서 말한 것과 같이 우리에게
익숙한 정기배송 형태가 있다. 작게는 아침마다 우유를 배달받는 것에서부
터 시작하여 쿠팡, 스라이브 마켓 같은 유통기업에서 생수나 물티슈 등의 생
필품과 반려동물 용품까지 다양한 제품을 정기적으로 배송받는다. 정기적
인 배송을 통해서 기업은 안정적으로 이용자를 확보할 수 있는 장점이 있고
이용자는 할인된 금액으로 상품을 구매할 수 있어 양쪽 모두 유리한 점이 많
은 것이 특징이다. 이처럼 정기배송은 구독이 처음 시작된 형태로써 현재까
지도 유지되며 점차 대상 영역과 상품이 확대되고 있는 중이다. 정기배송은
일상생활에서의 반복되는 번거로움과 불편함을 해소하고자 하는 것이 목적
이며, 불필요한 시간 낭비를 없애기 위한 노력이다. 따라서 매일 필요로 하
는 다양한 상품들이 서비스의 대상이 되며, 속옷에서부터 면도날까지 그 종
류가 다양하다.

이때의 경쟁 요소는 빠르고 정확한 배송이다. 일상생활 용품은 대부분
모두가 아는 브랜드의 상품들이며 적어도 여러 번 사용한 적이 있는 것들로,
품질이나 가격에 대한 정보는 충분히 경험하여 알고 있다. 따라서 상품에 대

한 경쟁력은 상품 품질이 아니며, 가격에 민감할 수는 있겠으나 정기구독의 형태이기 때문에 가격적인 장점도 유지된다. 그러므로 빠르고 정확한 배송이 경쟁력이 된다. 배송 시간이 늦거나 다른 집으로 배송이 되는 일이 생기기라도 한다면 서비스 해지로 이어진다. 정기배송을 이용하는 이유 중에 시간 절약을 들 수 있는데 배송 시간이 늦어진다는 것은 그만큼 기다려야 된다는 얘기이며, 이것은 시간 절약과는 거리가 멀기 때문이다. 다른 곳으로 배송된 경우도 마찬가지로 상품을 바로 사용할 수 없게 된다.

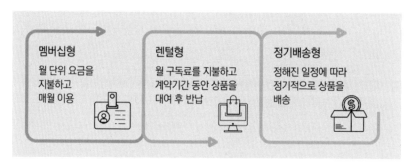

▶ 구독 서비스 유형_출처 삼정KPMG 경제연구원

내가 원하는 상품을 선택하고 정기배송을 통해서 절약된 시간만큼 또 다른 일에 시간을 보낼 수 있어야 한다. 때문에 제공자 입장에서는 빠르고 정확한 배송에 경쟁력을 집중한다. 실시간 위치 추적시스템은 기본이며 배달 상품의 상태와 위치를 알려준다. 배달 기사의 이름과 도착 예상 시간을 표시하기도 한다. 냉장 상품의 경우는 온도, 습도, 배송 운반 도중의 상품 충격 횟수 등도 기록되어 이용자에게 제공하기도 한다.

　　다음으로 렌탈의 형태가 있는데 렌탈 역시 우리에게 익숙한 서비스이다. 집에서 정수기를 렌탈하는 경우가 제일 흔한 사례에 해당한다. 예전에 비디오나 만화책을 대여해서 본 경험도 있을 수 있다. 이처럼 렌탈은 특정 물건을 제공받고 약정 기간 동안 그 물건에 대한 사용료를 지불하는 방식이다. 기존의 자동차 렌탈 서비스는 하나의 대상 자동차를 선정하고 이용하는 것이 주목적이다. 이때는 가격이 중요한 요소이며 장기간 이용에 대한 할인율이 경쟁력이다. 정기적으로 자동차 검사를 해주는지, 주기적으로 교체해야 할 소모품 교체 서비스는 있는지, 사고가 발생했을 때 보험 적용 여부는 어떻게 되는지 등 주로 자동차 이용에 관련한 것이 대부분을 차지한다. 일정액을 지불하고 자동차를 이용하는 면에서 본다면 렌탈이나 구독 모델이나 커다란 차이는 없다. 그러나 구독 모델에서는 대상 자동차가 다양해지고 대상 자동차를 이용자가 원할 때 번갈아 이용할 수 있다. 비용 지불 면에서는 거의 동일하다고 할 수 있으나 이용자의 선택의 폭이 다양하고 좀 더 이용자 중심 서비스라는 면에서 차이가 난다. 아마도 가장 큰 차이는 자유로운 해지 혹은 이탈일 것이다. 구독 서비스가 자유로운 해지를 기본 요소로 하는 반면, 렌탈은 구입액을 모두 내야 해지가 가능하다는 면에서 구매자에게는 징벌적 선택이다. 렌탈에서는 이용자와의 관계 유지라는 구독의 기본 개념이 가장 중요한 핵심 요소는 아니기 때문이다. 즉 렌탈에서의 가장 중요한 고려 요소는 금융적 관점에서 본다면, 판매 대금의 회수이며 그 과정에서 이용자와의 관계가 악화되는 것도 감내한다. 정수기 렌탈 비용이 밀리게 될 때 재산 압류 신청이 법원으로부터 통지되기도 한다. 하지만 판매금의 회수를 금전 거래에서 당연히 지켜야 할 것으로 가정한다면 렌탈도 일종의 구독 서비스로 볼 수 있을 것이다.

　이들의 수익 모델을 잠시 살펴보면 크게는 제조 마진, 렌탈 이자 그리고 관리 수익으로 나눌 수 있는데 상품을 직접 제조하니 일단 기본적인 제조 마진을 남길 수 있을 것이다. 제조원가 그대로 마진 없이 판매하는 기업은 없으니 말이다. 또한 렌탈을 통해 일정 수준의 이자를 받는다. 당장 현금을 주고 사는 것이 아니니 이용자는 적정한 수준의 이자를 수용할 자세가 되어 있다. 이 상품의 판매를 한 번에 매출로 인식할지, 아니면 월 단위 렌탈비로 인식할지에 따라 달라지지만 제조업체가 별도의 판매금을 조달하지 않는다는 가정하에 상대적으로 낮은 수준의 이자를 책정할 수 있다. 관리 수익은 비용이자 수익이다. 예를 들어 웅진의 정수기 렌탈은 약 1만 5,000명의 코디를 보유하고 있는데 이들은 렌탈 상품 판매 후에도 정기적으로 방문해 설치된 상품을 관리한다. 이 과정에서 정수기 필터 교환과 같은 부가 상품의 판매 수익이 발생한다. 렌탈 형태의 구독 모델은 영업과 관리 조직을 갖춘 기업에 적합할 수 있으며 단순하게 유통을 하는 렌탈과는 개념을 달리한다. 유통형 렌탈은 이용자와의 관계가 렌탈 해지와 동시에 단절되므로 구독이라 말하기 어렵다고 할 수 있다.

마지막으로는 가입 기간 동안 무제한으로 서비스를 받는 경우이다. 대표적인 사례가 아마존의 프라임 멤버십이다. 우리나라에는 아직 정식 서비스가 런칭되지 않아 직접적으로 이용할 수는 없지만 아마존의 서비스는 세계적으로 이미 유명하다. 1년에 119불을 내면 음악, 영화, 책, 게임 중계 등을 모두 무료로 사용할 수 있고 아마존 인터넷 쇼핑몰에서 판매되는 상품 중 절반 정도에 해당하는 상품 배송이 무료로 제공된다. 최근에는 신선식품 배달도 서비스에 포함되어 프라임 멤버십의 매력은 엄청나게 올라갔다. 프라임 멤버십에 가입된 이용자는 가입하지 않은 이용자 대비 구매력이 거의 두 배에 육박하기에 아마존 입장에서는 멤버십 운영에 따른 비용을 커머스 매출로 충당한다고 볼 수 있다. 아마존 프라임에 가입한 이용자는 자신이 제공받는 가치가 정확히 얼마만큼의 정량적 가치인지 쉽게 계산할 수는 없을 것이다. 단지 어떤 형태의 조합으로 제공되는 가치를 누려도 119불의 값어치는 된다고 판단을 한다. 아마존 프라임 멤버십을 이용하는 사람은 전 세계적으로 1.5억 명, 미국은 9천만 명이 넘는다.

이러한 기업 예시를 통해 각기 다른 형태의 구독 서비스 모델을 간접적으로 경험하면서 구독이라는 개념은 낯선 개념이 아닌 이미 존재했던 개념이라는 것을 알 수 있었다. 이를 기반으로 여기에 기존 방식과의 접목을 통해 새로운 구독 모델을 만들고자 할 때 참고해야 할 사항이 무엇인지 이해할 수 있다. 제조기업이 서비스 기업으로 변화하는 과정에서 검토해야 할 모델이기도 하기 때문에 꼭 이해하고 넘어가도록 한다.

04 스트리밍을 통한 새로운 생존 방정식

    구독은 이용자가 변화하고 디지털 세상이 새롭게 열리면서 변화에 주목하지 않으면 안 되는 모델이 되었다. 구독 모델을 통해 새로운 생존 방식을 찾기 위하여 디지털 세상이 만들어준 기회를 살펴볼 필요가 있다. 넷플릭스, 티빙, 유튜브 프리미엄, 멜론 등 이른바 디지털 스트리밍 사례다. 영상 스트리밍 서비스 중 대표적인 것이 넷플릭스인데, 현재 전 세계 스트리밍 시장의 약 30%를 차지하고 있다. 넷플릭스의 전 세계 유료 구독자는 약 2억 명으로 한국에서도 300만 명의 유료 회원을 보유하고 있다. 콘텐츠 시장의 거인 넷플릭스의 시작은 미국 내 비디오 대여 사업이었다. 비디오 대여 사업을 시작으로 DVD 대여를 거쳐 현재의 온라인 스트리밍 서비스로 진화하며 성장했다.

    넷플릭스의 성장 과정에서 구독 모델의 방향에 대한 힌트를 얻을 수 있다. 기존 구독 모델은 정기배송 형태로 서비스를 신청한 후 배송처에서 상품이 오기를 기다리기만 하면 되었다. 당시의 서비스는 빨리 그리고 정확하게 배달되는 것이 경쟁력이었으며, 이는 차별화의 전부였다고 해도 과언이 아니다. 왜냐하면 어차피 내가 선택한 상품은 경험한 적 없는 낯선 브랜드의 상품이 아니라 늘 내가 경험했던 브랜드이기 때문에 친숙하며 거부감 없고 까다롭지도 않다. 원하는 시간까지는 아니더라도 약속한 제시간에 맞춰서 배달될 것이라는 기대감만 충족이 되면 만족한다.

　넷플릭스가 주목했던 것은 이용자의 '연체료' 고민이었다. 대여 시장은 매장을 방문해 영화를 빌린 후 나중에 이를 직접 반납하는 형태였다. 개인적인 사정이 생겨서 영화를 제때에 보지 못하여 차일피일 미루다 보면 반납을 잊어 연체료를 지불하는 사례가 많았다. 그로 인해 서로 다툼도 생기고 이용자의 서비스 이탈도 증가하게 되었는데, 이를 해결하기 위해 새로운 서비스를 접목한 것이 배달 서비스였다. 넷플릭스는 이용자가 신청한 DVD를 직원이 직접 배달하고 그전에 빌려간 DVD를 회수하는 시스템을 적용하기 시작했다. 플라스틱 외형으로 부피가 크고 파손 위험이 높은 비디오에 비해 DVD는 부피도 작고 파손 위험이 적어 배달과 회수에 용이했으며 이용자는 연체료 고민도 덜 수 있게 되었다. 또한 빠른 상품 회전을 통해서 수익을 극대화할 수 있게 되었다. 그러나 연체료 고민에서 해방되자마자 또 다른 고민에 놓이게 된다. 그것은 바로 수많은 영화 콘텐츠 중에 어떤 영화를 볼지 고민의 시간이 길다는 것이었다. 수천 개의 영상 콘텐츠 가운데 자신의 취향에 맞는 콘텐츠를 찾는다는 것은 결코 쉬운 일이 아니다. 영화 세션만 해도 포스터와 간략한 줄거리만으로는 내 취향에 맞는 영화인지 판단하기 어려운 일이다. 비용도 비용이지만 잘못 선택한 영화 때문에 허비된 시간도 아깝고 끝까지 보지 않으면 왠지 중요한 장면을 놓쳤을지 모른다는 생각에 찝찝하기까지 하다.

　이에 넷플릭스는 큐레이션 시스템을 검토하고 도입하기에 이른다. 넷플릭스의 큐레이션 엔진인 '시네매치'는 빅데이터, 태그, 알고리즘 등 주요 세 부문으로 구성되어 있으며 데이터는 이용자의 행동에서 취합된다. 이용자 프로필 기준으로 이러한 정보를 모으는데, 하나의 아이디로 다수의 프로필을 만들 수 있는 이유가 여기에 있다. 빅데이터는 프로필 기준으로 수집된다. 우선 장르, 시청 시간, 시청 중단, 재시청 등의 데이터를 모으고 특히 시청 중단의 경우 어떤 장면에서 시청을 중단하였는지 정보가 수집된다.

영상마다 태그가 생성되어 있는데 신작이 입고되면 수십 명의 콘텐츠 담당자가 하나하나 감상한 후 영화와 관련된 모든 태그를 상세히 입력한다. 태그 작업이 완료되면 컴퓨터는 다른 영화와 비교 분석해 기존 카테고리에 포함시키거나 새로운 카테고리를 만든다. 마지막으로 이렇게 수집된 정보를 결합해 개인에게 맞는 추천 영상을 추출하여 추천한다. 이러한 노력으로 이용자 만족도를 끌어올렸다. 큐레이션 추천 시스템이 이용자의 각기 다른 수많은 취향을 모두 완벽하게 충족시키지는 못하지만, 지금도 머신러닝을 통해 조금씩 완벽에 가까이 다가가려고 노력 중이다.

이와 같은 사례처럼 콘텐츠의 적용이 단계에 따라 변화해 왔다는 것을 이해할 수 있다. 다양한 양질의 콘텐츠를 어떻게 확보하고 분류해서 이용자 한 명 한 명에게 추천하여 효과적으로 제공할 수 있을지 고민한다. 이후 제공에서 그치지 않고 끝까지 시청하지 않은 영화의 이유를 찾아내고 중간에 중단한 장면은 무엇인지 데이터를 모으고 알고리즘을 업데이트하며 고도화한다.

또 하나의 차별적인 경쟁 요소는 바로 트랜잭션이 아닌 스트리밍이다. 트랜잭션의 사전적 의미는 거래, 매매 또는 처리 과정이라고 설명된다. 대부분의 구독 서비스는 서비스 사업자와 이용자 간의 이러한 처리 과정이라고 정의할 수 있다. 즉 어떠한 하나의 트랜잭션이 발생하였을 때 연결되고 처리가 되는데 이용자와 제공자 사이는 한쪽의 행동에 의해 상대방이 반응하는 구조이며 제공 범위 내에서 이용자가 선택을 해야 하는 좁은 의미의 구독 서비스라고 할 수 있다. 인터넷 사이트에서 회원가입을 클릭하면 회원가입 창이 뜨게 되고 회원가입 양식에 맞추어 기입을 해야만 정식으로 회원등록이 이루어지는 것과 같다. DVD 대여 사업의 경우 이용자는 원하는 DVD를 신청한 후 집으로 배달이 될 때까지 기다려야만 한다. 앞서 언급된 우유 배달, 신문 배달과 같은 서비스들이 모두 여기에 해당된다. 이용자는 수동적인 입장에서 서비스를 이용할 수 있고 제한된 범위 내에서만 의사를 표시할 수 있다. 배달이 늦어지더라도 참고 기다려야만 하고 설령 제시간에 배달되었다고 하더라도 내가 보고 싶어 했던 DVD 타이틀이 아닌 경우 다시 배달을 요청하거나 이를 감수해야 하는 관계인 것이다. 결국 트랜잭션 중심의 구독 서비스는 언제 어디서나 연결되고 시간, 공간에 제약을 받지 않는 의미의 스트리밍 서비스에 비해 만족도가 떨어질 수밖에 없다.

스트리밍이란 인터넷에서 데이터를 실시간 전송, 구현할 수 있게 하는 기술을 뜻하는 용어로 '흐르다', '흘러내리다', '연속되어 끊이지 않고 흐르다' 등의 사전적 의미를 갖는다. 데이터가 연속적으로 연결된다는 개념으로 특정 파일을 하나의 형태가 아닌 여러 개의 파일로 나누어 물 흐르듯이 Streaming 연이어 보내는 것을 말한다. 동영상 파일 등은 용량이 크기 때문에 한꺼번에 파일 전체를 보내기는 힘들어 이를 해결하기 위해서 조금씩 파일의 일부만 실시간으로 전송한다. 콘텐츠 파일을 다운로드하는 것이 아니라 네트워크 상황에 맞게 실시간으로 볼 수 있는 분량만큼을 조금씩 연결하는 것이다. 구독 모델도 기존 서비스를 이용자가 먹기 좋게 조금씩 잘라서 제공하고 언제 어디서나 시간, 공간의 제약 없이 서비스하는 방향으로 변화하고 있다. 트랜잭션형 서비스가 특정 행동이 있어야만 그에 따라 반응하는 것이라면 스트리밍 서비스는 이용자 중심으로 언제 어디서나 필요한 만큼 필요한 시기에 이용할 수 있다는 면에서 자유도가 높다.

트랜잭션형 구독 서비스에서 스트리밍형 구독 서비스로의 전환은 이미 시작되었다. 이용자가 서비스를 사용하는데 전혀 불편함이 없이 항상 연속적이고 언제 어디서나 늘 곁에 존재할 수 있어야 경쟁력이 된다. 기업은 스트리밍 서비스를 통해서 실시간 연결된 이용자의 수요 예측이 가능하고 불필요한 비용을 줄일 수 있다. 요일별로 접속하는 이용자의 수를 계산하고 이용자가 가장 많은 요일과 시간대를 파악하여 시스템에 과부하가 걸리지 않도록 시스템을 설계할 수 있고 만약, 클라우드 방식으로 시스템을 운영 중이라면 더욱 유연한 설계로 이용료를 줄일 수 있게 된다.

구독 모델은 과거에도 비용을 줄이는 효과적인 수단 중 하나였다. 예를 들어 잡지 발행의 경우 독자의 수요량 즉, 독자 수에 맞춰 매달 잡지를 발행한다. 매달 평균적으로 발생하는 구독자 수량만큼 인쇄하고 거기에 안전재고를 추가 인쇄하여 재고를 둔다. 만약 잡지 발행이 구독자 수 기반이 아니라면 매월 얼마만큼의 발행 부수를 인쇄해야 할지 난감할 수밖에 없다. 때문에 구독자를 기반으로 하는 잡지는 일정 정도의 안정적인 구독자를 가짐으로써 기본 수익을 확보하고 이용자의 수요에 맞춰서 필요한 만큼의 부수를 인쇄하여 운영 효율성을 높이고 생산성을 효율화해왔다. 구독 모델은 사전 구독자 확보를 통해 예측 가능한 수요로 비용 낭비를 효율적으로 막을 수 있는데 운용 비용을 효율화한다는 면에서 예전이나 지금이나 동일한 목적으로 활용된다. 즉, 예측 가능성을 높이고 적정 재고 수량으로 서비스를 효율화한다.

원활한 인터넷 서비스 제공을 위해서 시스템 인프라가 무엇보다 중요하다. 만약 하루 평균 사이트 접속자 수의 예측이 어렵다면 인프라 투자는 항상 최대치를 기반으로 비용을 집행할 수밖에 없을 것이며 접속자의 트래픽을 예측할 수 없다면 과도한 인프라 투자 비용이 발생하게 될 것이다. 동시 접속자 수를 하루 10만 명 예상하고 시스템 인프라를 구축한다고 가정할 때 이용자가 이보다 적은 경우는 시스템이 비효율적으로 운영될 수밖에 없으며 부담스러운 시스템이 되고 말 것이다. 반대로 동시 접속자 수가 예상보다 많게 되면 시스템은 과부하되어 다운되고 제한적인 서비스로 인해서 이용자 이탈과 함께 피해 보상의 비용이 추가적으로 지출될 수도 있다. 이렇듯 예측할 수 없다는 것은 커다란 리스크이며, 예전이나 지금이나 리스크는 부담이다. 따라서 예측 가능한 상황을 만드는 것이 중요한데 예측 가능한 범위 내에서 회원을 관리하고 서비스를 제공하며 기반 시스템을 운영하는 것이 필요한 이유이다. 회원가입 건수를 통해 하루 접속 수를 예측하고 이에 따라 시스템을 설계하는 것이다.

	소유 라이프	스트리밍 라이프
핵심 가치	교환 가치	경험 및 서비스의 가치
경제 활동의 목표	자산의 증식	경험의 축적
중요한 권리	소유권, 재산권	접속권, 사용권
소비 기준	성능, 기능	차별화, 취향
소비 기간	제품 수명 주기	스트리밍 기간
접근 방식	표준화	맞춤화, 개인화

▶ 스트리밍의 가치_출처 트렌드 코리아 2020

예측의 기준은 구독자일 것이며 따라서 구독 모델이 해답이 될 수 있다. 한발 더 나아가 스트리밍을 통해서 항상 연속적으로 이용자와 연결되어야 하며 서비스 차별화를 위해서는 기존의 트랜잭션 모델에서 벗어나 스트리밍 형태로 변화해야 한다. 예측 가능성을 높이고 지속적인 연결을 위해서는 구독 모델이 기본이 되어야 할 것이다.

05 데이터 기반 서비스 차별화

데이터의 활용에 따라 서비스의 경쟁력은 확연하게 차이가 난다. 과거에는 설문조사나 집중 인터뷰 등을 통해 서비스 만족도를 파악하고 이용자의 성향을 예측했다. 그러나 이것이 최근 구독 모델의 한 형태인 멤버십으로 진화하면서 구독형 멤버십을 통해 이용자가 구매하는 과정에서 발생하는 데이터를 서비스 차별화에 활용한다. 구독형 멤버십은 이용자가 일정 금액을 지불할 때 일반 회원과는 달리 각종 할인 혜택과 무료배송, 적립금 혜택 등 다양한 서비스를 누릴 수 있는 것이다. 구독형 멤버십은 적은 접근 비용과 낮은 진입 장벽이라는 장점이 크다. 이용자가 일정 비용을 부담하게 되기 때문에 특정 서비스를 선호하는 충성 이용자 확보에도 유리하다. 이를 통해 결과적으로 이용자 개개인의 취향에 맞춘 개인화된 서비스가 가능해진다. 예컨대 이용자의 콘텐츠 소비 취향을 반영하여 개별 이용자가 더 좋아할 만한 콘텐츠를 추천해주는 맞춤형을 고민할 수 있다. 또한 이용자는 단순히 물건을 구매하는 것이 아니라 구매 과정, 사용 후 느낀 점 등 제품과 관련한 경험 전반을 공유의 대상으로 인식시킬 수 있다. 이를 통해 이용자 취향의 데이터 확보가 가능해진다. 이처럼 기업은 멤버십 형태의 서비스를 통해서 충성 이용자를 유지하고 데이터를 확보할 수 있기 때문에 적극적으로 구독형 멤버십을 활용하려고 하며, 멤버십 형태의 서비스를 통해 충성 고객 유지와 데이터 확보 측면에서 이점을 기대하기도 한다. 구독 모델은 이용자 경험에 기반한 마케팅에 용이한데, 체험의 공유를 통해 기존 고객의 충성도를 높이고 신규 이용자 유입으로 이어지는 선순환 구조를 만들 수 있다. 또한 되도록 오랜 기간 이용자를 묶어 둘 수 있고 신규 이용자를 새롭게 유입시키는 것에도 유용하다.

그러나 이용자가 느끼는 구독 서비스의 가치는 주관적이고 불확실한 영역이기 때문에 제공 서비스 자체의 질을 높이는 것과 더불어 이용자가 만족할 수 있는 요금 체계를 설정하는 것이 중요하다. 만약에 낮은 초기 구독 비용을 책정하게 되면 이용자는 상대적으로 쉽게 확보될 수는 있겠으나, 과다한 초기 투자비로 인해 경영 여건에 악영향이 생길 수 있고 초기에 무리한 프로모션은 되려 이용자 이탈로 이어질 가능성도 높다. 따라서 적절한 서비스 가격 책정과 제공 서비스의 질을 높이는 것이 중요하다. 여기서 말하는 서비스의 질이란 종류가 다양하고 업데이트 속도가 빠르며, 많은 양의 콘텐츠를 말하는 것이 아니다. 물론 충분히 확보하여 제공할 수 있다면 더할 나위 없이 좋겠지만 투자비의 허들이 높다. 따라서 이용자 데이터를 기반으로 선호하는 종류를 구분하고 주요 이용 시간을 파악하여 업데이트에 반영한다면 질 높은 서비스로 인식될 수 있다.

신문이 발행되는 경우를 살펴보면 편집국 또는, 편집국장은 독자가 선호할 만한 기사를 예상하고 사회 이슈 등을 반영하여 지면에 게시한다. 모든 독자는 똑같은 신문을 받아보게 된다. 이용자 개개인의 취향에 맞출 수 없기도 하지만 대중적이어야 하는 언론은 꼭 개개인의 취향을 맞출 필요가 없다.

때문에 멤버십 적용을 고려할 때 이처럼 모든 이용자에게 형평성 있고 고른 혜택을 부여하는 서비스는 자칫 일반적인 서비스로 전락될 위험성이 높다. 따라서 이용자 데이터 분석에 기반한 멤버십을 적용하고 각자의 상황을 반영하여 선별적으로 적용해야만 갖고 있는 한정적인 서비스 자원에 최대한의 가치를 부여할 수 있게 된다.

기존의 멤버십은 분석을 통해 최대한 많이 판매하여 매출을 올리는 것이 주된 목적이었다면 앞으로는 이용자들의 구매 패턴을 분석해 어떻게 이용자에게 맞춤형 서비스를 제공할지가 중요하다. 주요 목적도 매출 확대를 위한 판매 강화보다는 이용자와의 유용한 관계에 중점을 두어야 한다. 지속적이고 긍정적인 관계를 통해 서로의 신뢰가 쌓이게 되면 매출로 자연스럽게 이어질 것이고 이용자의 만족은 회원수 증가로 나타나게 될 것이다.

패션 리테일 시장에서 가장 혁신적 기업으로 주목받고 있는 패션 큐레이팅 업체 '스티치픽스'는 이용자 정보를 인공지능이 분석하여 가장 잘 어울리는 옷을 추천해 배송까지 해주는 서비스다. 서비스 이용이 증가할수록 추천도 정교해지고 이에 따라 이용자들의 만족도도 높아지게 된다. 기업은 더욱더 정교해진 시스템을 확보할 수 있고 남들과는 다른 추천 시스템을 통해 경쟁력을 확보하며 신규 이용자가 늘어나는 선순환 구조를 만들 수 있다. 데이터를 기반으로 하여 충성 고객을 위한 멤버십에 활용하고 맞춤형으로 정교해진 서비스는 이용자의 만족으로 이어져 기업과 이용자 모두에게 긍정적인 방향을 이끌어낼 것이다.

06   단골 고객 만들기

    장사는 이익을 남기는 게 아니라 단골 고객을 남겨야 한다는 말이 있다. 하루 매출의 80%는 단골 고객 20%에게서 나온다는 파레토 법칙처럼 백화점이나 은행 등에서도 상위층 20%의 고객이 전체 매출 및 수익의 80%를 올린다. 통계 자료도 이를 뒷받침하는데, 통상적으로 매출의 70% 이상은 단골 고객을 통해 이루어진다고 한다. 이처럼 단골 고객을 얼마나 많이 확보하고 있느냐가 성공의 열쇠이다. 오픈마켓, 소셜커머스, 백화점 등 전자상거래 업체에서 단골 고객은 매출의 대다수를 차지하는 중요한 역할을 하기 때문이다. 특정 마케팅 쿠폰 등 필요한 이득만을 취하고 떠나 버리는 체리피커 Cherry Picker 고객은 서비스 수익성에 악영향을 미치기 때문에 안정적인 서비스 구조를 만들기 위해서도 단골 고객은 중요하다.

    최근 단골 관리 기능을 도입하는 배달 앱이 늘고 있는데, 배달 앱 1위인 배달의 민족은 음식점주에게 고객의 최근 주문 횟수 정보를 제공한다. 고객 주문이 들어오면 주문 접수 창에 주문 내용, 요청사항과 함께 고객의 6개월 내 주문 횟수가 표시된다. 또 다른 배달 앱 위메프오도 단골 관리 기능을 제공한다. 이용자가 앱에서 '나의 단골 매장'을 설정하면 점주가 해당 고객을 관리할 수 있는 기능이다. 이처럼 중요한 단골 고객을 확보하기 위해서는 어떠한 방법을 고민해야 할까? 먼저 단골은 '부지불식간不知不識間에 만들어진다'는 말에 집중해보자. 다소 이치에 맞지 않는 것 같지만 그냥 구경만 하고 나가는 고객도 놓치지 말아야 진짜 단골이 늘어난다는 것이다. 오프라인 매장을 방문하고 구매를 하지 않은 고객, 사이트에 방문하여 여러 콘텐츠를 클릭하였지만 실제 구독으로는 연결되지 못한 고객이 해당된다. 이른바 몇 차례 아이쇼핑만 했는데도 그 가게의 종업원이나 주인이 늘 반가워하거나 또는 그냥 구경 삼아 들려도 부담이 없는 가게라는 인식을 심어주는 것이다. 고객에게 언제나 이런 분위기만 줄 수 있다면 그 가게는 오래되지 않아 단골 고객으로 성황을 이룰 것이다. 사이트도 마찬가지다. 방문을 하였더니 무료 영화 콘텐츠가 제공되고 있거나 한달 무료 이용권의 혜택을 받는 경우 등이다. 그 가게에서 상품을 구매한 사람이든 구경만 한 사람이든 누구나 그 가게를 방문하는 것에 부담이 없을 것이며 필요한 상품이 있다면 자연스럽게 그 가게로 발길을 돌리게 될 것이다. 무료 콘텐츠가 만족스러웠다면 실제 유료 구독회원으로 가입할 가능성이 그만큼 높은 것과 같다.

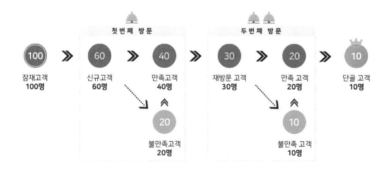

▶ 단골 고객 이해_출처 리뷰빌 홈페이지

다음으로 단골 고객을 확보하는 또 하나의 방법은 판매원이나 주인이 고객의 이름을 기억하는 것이다. 한두 번 들른 가게에서 자신의 이름을 불러 준다면 만족도는 높아질 것이다. 스타벅스 매장에서 사이렌 오더로 주문한 고객의 닉네임을 불러 주는 것과 같다. 온라인 서비스의 경우는 회원가입 시 기입된 정보를 바탕으로 고객의 직업, 가족 사항, 사는 곳 그리고 상품과 관련된 여러 정보 등이 있는데 이러한 데이터를 기반으로 고객을 알아봐 주는 것이 중요한 요소이다. 고객의 수준이나 취향, 연령층, 직업 등을 참고로 하여 어떤 제품을 새로 들여놓을 것인지 또, 얼마나 들여놓을 것인지 등을 효율적으로 결정하는 기본 자료 역할로 사용할 수 있다. 단골 고객 확보를 위해 많은 커머스 기업에서 거액의 비용과 공수를 들여 서비스를 개편하곤 한다. 대부분 쿠폰 발행, 멤버십 서비스 강화, 큐레이션 콘텐츠 강화 또는 검색 기능 개선 등에 중점을 두고 개편을 하지만 생각만큼 효과가 크지 않은 경우가 많다. 이것은 기능적인 면에 너무 방점을 찍은 이유이다. 물론 기능 개선과 콘텐츠 확보는 중요한 요소임에 틀림없다. 하지만 기능적인 면만큼이나 감성적인 측면에 대한 고민도 필요하며 정량적인 개선 못지않게 정성적인 측면을 바라볼 필요가 있다. 어쩌면 정성적인 고민과 배려는 쉽게 눈에 잘 띄지는 않을 수 있으나 이렇게 고객 입장에서 서비스를 고민한다면 단골 고객은 자연스럽게 증가한다. 고객의 입장에서 고객의 고민을 먼저 해결하고 제시할 수 있어야 최고의 경쟁력이 확보된다.

이용자의 고민 중 한 가지가 바로 귀차니즘일 것이다. 회사와 가정생활 그리고 자기계발과 취미활동 등으로 매일 바쁜 하루를 보내는 현대인들에게 시간은 돈보다 귀하다. 때문에 되도록 시간을 아낄 수 있는 시간 절약형 소비를 추구하고 귀찮은 것, 복잡한 것, 시간이 오래 걸리는 것을 기피하는 특징을 보인다. 예를 들어 직장인의 아침에서 빼놓을 수 없는 단 한 가지를 고르라고 한다면 아마도 많은 직장인들이 커피를 선택할 것이다. 뚜레쥬르에서는 커피와 빵 구독 서비스를 운영 중인데 한 달 동안 매일 커피 한 잔을 무료로 제공한다. 구독 서비스를 통해서 회원이 되면 매번 결제할 필요도 없고 계산을 위해서 줄을 설 필요도 없어 바쁜 아침 출근 시간에 효율적이다. 출근하지 않는 주말이 아쉬울 수도 있겠으나 한 잔에 700원 정도이기 때문에 금액이 부담스럽지는 않다.

최근 1인 가구의 대부분은 MZ세대이다. 이들은 대부분 혼자라는 특성 때문에 적은 시간과 비용으로 편리함을 추구한다. 높은 가격대의 물건들을 소유하기보다 구독으로 경험한다. 또한 코로나19의 영향으로 언택트적 요소들이 확장되면서 집밖으로 나가기보다 문 앞으로 찾아오는 간편함을 추구하는 추세다. 이런 흐름에 맞춰 편리함을 제공하는 구독들이 생겨나고 있는데 1인 가구를 겨냥한 세탁 구독 서비스인 '런드리고'가 그런 케이스이다. 비대면 세탁 구독 서비스를 운영 중인 런드리고는 스마트한 빨래 수거함으로 불리는 일명 '런드렛'을 통해 시간 제약 없이 빨래를 맡길 수 있다. 또한 수거를 요청한 다음날이면 바로 받아볼 수 있는 한밤 배송으로 MZ세대의 마음을 사로잡았다. 편리함을 통해 고민하는 시간을 절약하고 대신 절약된 시간을 다른 곳에 활용할 수 있어 단골 고객은 꾸준히 증가하고 있다.

마지막으로 가장 중요한 것은 단골 고객을 정의할 때 단골 고객이라는 것은 숫자가 아닌 빈도라는 것을 이해하는 것이다. 물론 내 고객의 숫자가 얼마나 되느냐는 중요하다. 신문이 발행 부수를 늘리기 위해 출혈 마케팅을 감수하는 것도 이 때문일 것이다. 발행 부수가 많으면 이를 기반으로 광고 수입 등 다양한 부가 사업들이 가능하기 때문이다. 하지만 구독에서는 숫자보다 '고객의 정의를 어떻게 내리는가'가 더 중요하며 그 정의는 빈도에서 나온다. 최근 핫이슈인 '마켓컬리'의 사례를 보면 많은 고객의 호응으로 가입자 수가 빠른 속도로 증가하고 있다. 회원 수는 19년 기준 200만 명에 이르고 최근 코로나 사태의 영향으로 더욱 크게 증가했을 것으로 예상된다. 문제는 이 회원 수가 한두 번의 경험 이후 사용을 중단한 단순 고객을 포함한 숫자라는 것이다. 200만을 달성하던 시점에 하루 최대 주문 건수가 3만 3,000건으로 알려진다. 그 말은 단순 계산을 해보면 마켓컬리의 구매 빈도는 두 달에 한 번 즉, 60일이 된다. 신선식품을 판매하는 사이트에서 고객이 두 달에 한 번 구매를 한다는 것은 단골 고객이라고 부르기에 조금 무리가 있어 보인다. 같은 해 기준 쿠팡의 회원 수는 1,400만 명이다. 이 숫자 역시 마켓컬리의 200만과 같은 의미에서의 회원 수라는 점에서 큰 의미가 있다고는 말할 수 없을 것이다. 하지만 쿠팡은 여기에 한 차원 다른 회원 수를 갖고 있다. 바로 로켓와우라는 유료 회원제 멤버십이다. 월 4,990원을 내면 쿠팡의 로켓배송 상품을 별도 배송비 없이 받을 수 있다. 이 서비스는 2019년 기준 250만 명의 회원을 보유하고 있다. 2018년 10월에 시작해 무료 체험 기간을 90일, 30일 등으로 줄여 가면서 모은 250만 명의 회원은 쿠팡의 충성 고객이다. 쿠팡에서 자주 쇼핑을 하다 보니 무료 배송에 대한 니즈가 생겼고 그래서 쿠팡와우를 구독하게 된 것이다. 지금 쿠팡의 가장 큰 목표는 아마 이미 확보한 250만 명의 고객을 유지하는 일이 될 것이며 이들을 단골 고객화하는 것이다. 쿠팡은 커머스 사업자로서 상품을 조달하고 배송을 관리하며 고객을 확보하기 위해 로켓와우 서비스에 집중한다. 이것은 이용 서비스 해지를 줄이기 위한 노력이며 이용자와의 지속적인 관계 유지 목적이다.

07 큐레이션의 펀치력

양질의 콘텐츠를 전문가가 선별해 알아서 추천한다는 뜻의 큐레이션은 원래 박물관, 미술관에서 쓰이던 용어다. 전문가와 선별 그리고 추천이라는 키워드로 이루어지는데, 특정 분야의 전문가가 특유의 안목을 통해 선택지를 추려 최적의 옵션을 추천해 주는 것을 말한다.

할인점 업계에서 유명한 독일의 '알디ALDI'는 이러한 큐레이션 서비스의 모범 사례이다. 알디는 유럽 등을 포함 19개 국가에 약 1만여 개의 매장을 보유하고 있는 독일 최대의 체인 할인점이다. 보통 할인점을 방문하면 매장 내에는 온갖 다양하고 많은 상품들이 진열되어 있는데 대형 할인마트의 경우 5~6만 개의 상품 가짓수로 운영하는 것이 일반적이다. 그러나 알디는 약 1천 개의 상품 가짓수로 운영한다. 무작정 많은 가짓수를 이용자에게 제공하는 것이 중요하지 않다는 것을 알고 카테고리별로 상품의 가짓수를 대폭 줄여 이용자의 선택을 쉽게 만들고 어떤 상품을 골라야 할지 망설이는 이용자들에게는 추천 상품을 큐레이션 하여 쇼핑을 돕는 것이다.

코스트코의 경우도 일반적인 대형마트 상품 가짓수의 10분의 1에 불과한 수준이지만 매장당 매출은 이마트를 넘어선다. 특히 양재동에 위치한 코스트코는 전 세계 매출 1위 매장이다. 소비자가 필요로 하는 상품이 있느냐가 중요한 것이지 판매자가 팔고자 하는 상품이 중요하지는 않다. 가령 콜라가 필요하다고 할 때 브랜드별로 여러 종류의 콜라를 매장에 진열해 두는 것은 판매자 중심이다. 브랜드별 상품을 각각 진열하여 판매하고자 하는 것은 고객 중심이 아니다. 개인 선호에 따라 민감 상품은 가짓수가 다양할수록 좋을 수 있으나 일반 대중적인 상품은 가짓수가 중요하지 않다. 가격에 민감할 뿐 상품 가짓수가 선택의 영향을 끼치지 않는다. 상품 가짓수를 많이 가져간다는 것은 결국 상품 브랜드별 재고 수량을 늘려야 하는 부담이 크며 진열인력도 필요하고 인건비 부담도 크다. 상품 진열에 따른 각종 집기 비용 등 전체적인 관리 비용이 올라간다. 코스트코는 상품의 가짓수를 늘리는 대신 정확한 큐레이션을 통해 고객의 고민을 해결한다.

큐레이션의 영역 중에 과일, 과자, 술 등 맛을 기본으로 추천하는 큐레이션은 뷰티, 가전, 패션 등의 멋을 기본으로 추천하는 큐레이션에 비해 용이하다. 심리적 문턱이 낮고 맛을 기본으로 취향을 이해한다면 가장 효과적이기 때문이다. 백화점은 과일 바구니를 큐레이션 하고 제과업체는 과자 박스를 큐레이션 한다. 빵이나, 속옷, 생리대, 반려동물 사료 등 개인의 선택이 비교적 명확한 분야는 큐레이션의 만족도가 높다. 이에 비해 뷰티, 패션 등은 명확한 분야가 아니기 때문에 고려해야 할 사항들이 단순하지 않다. 유행의 시기가 매번 달라지고 선호도도 시시각각이다. 맛만 좋으면 그만인 것과는 차원이 다르다. 개인적인 취향을 고려해야 하는 것은 기본이고 계절의 유행을 반영해야 하며 신체 사이즈, 피부 톤과 같이 기본적인 신체사항은 물론 이용하는 날의 날씨와 요일을 참고하는 등 고려해야 할 것들이 넘쳐난다. 때문에 액세서리처럼 같은 카테고리 안에서도 다양성과 개인 선호도가 무엇보다 중요한 분야에서는 서비스 제공자의 큐레이션 능력이 월등해야만 한다. 그래야만 구독 서비스로서 이용자들에게 가치를 인정받을 수 있게 된다. 꽃을 정기적으로 보내주는 구독 서비스를 생각해 본다면 단순히 꽃을 골라 보내주는 것에서 그치는 것이 아니라 여러 꽃 중에서 이 꽃을 선택하게 된 이유와 이 꽃이 표현하는 꽃말, 상징하는 의미 그리고 오랫동안 키우기 위해서 물을 주는 횟수와 적정 온도, 보관 장소에 대한 설명 등 관련된 부가 콘텐츠를 함께 제공하며 이용자의 취향을 큐레이션 해야만 서비스로써 가치가 생긴다. 그 뿐만 아니라 평소 생각하지 못했던 경험을 제공해야 한다. 음식 재료의 구성이나 이색적인 식품을 추천하여 맛볼 수 있도록 하거나 제철 과일을 알려주고 제철 과일로 만들 수 있는 음식에 대한 정보를 제공한다. 하우스 재배 때문에 제철 과일이 무엇인지 잊고 사는 경우도 많아 이용자에게 의외의 감동을 선물할 수도 있다.

하지만 예상 밖의 난관이 존재할 수도 있는데 자신에게 적합한 상품을 찾고 나서 서비스를 해지하는 경우다. 일본에는 이용자의 취향에 맞는 사케를 분석하여 큐레이션 하고 다시 데이터를 정교하게 세분화하여 카테고리를 정한 후, 그 카테고리 안에 들어가는 여러 종류의 사케를 골라 배달해 주는 서비스 업체가 있다. 저렴한 가격과 특색 있는 서비스로 처음부터 상당한 구독자를 확보하고 안정적인 서비스를 운영 중이었지만, 2년이 지나고 나서부터 서서히 이용자 수가 감소하더니 갑자기 급격하게 줄어들게 되었다. 서비스를 지속적으로 이용하면서 자신의 취향과 다양한 사케 브랜드를 인지한 후에 더 이상 서비스에 대한 기대감이 사라지게 된 것이다. 사케는 직접 매장에 가서 구매하면 그만이었다.

이것은 큐레이션 서비스의 전략 부재일 수 있다. 데이터 분석을 통해 취향과 브랜드를 골라 배송하는 것으로 큐레이션 서비스의 최종 가치를 정해 버린 것이다. 이런 경우라면 사케뿐만 아니라 연관된 상품, 어울리는 안주나 사케 전용 잔, 맛을 유지하기 위한 보관 방법, 사케에 대한 제조 스토리 등 부가적인 큐레이션이 함께 제공되어야 한다. 큐레이션 서비스에서 자신이 원하던 정보를 얻고 나면 이후엔 단순 배송만이 남기 때문이다. 배송은 그렇게 높은 허들이 아니다. 따라서 큐레이션으로 원하던 정보를 얻고 난 이후엔 오히려 독이 될 수도 있음을 간과해서는 안 되며 추가적인 서비스를 주의 깊게 고민해야 한다.

결국 구독자의 취향을 그대로 분석하여 제공하는 것은 기본적인 수준밖에 안 되며 자신이 모르고 있던 숨겨진 취향까지도 찾아내서 제공할 수 있어야 한다. 실제로 구독 서비스를 이용하다 보면 익숙한 상품을 배달받는 편의성과 새로운 취향에 대한 갈증이 동시에 생겨나곤 하는데 이때, 필요한 것이 바로 분석 기반의 전문가적 큐레이션이며 이것이 서비스의 궁극적인 목표이다.

큐레이션은 예측이다. 본인이 선호할 만한 결과를 제안하는 것이며 데이터를 기반으로 반응 정도에 따라 정확도를 측정할 수 있다. 반응 정도가 높다면 큐레이션은 성공적이며, 상대적으로 반응 정도가 미미하다면 예측이 빗나갔다고 할 수 있다. 큐레이션의 목적은 연관된 결과와의 관련성을 높이는 것이다. 사용자에게 적합한 아이템을 찾아서 추천하는 것이 기본적인 큐레이션이며 사용자에게 다소 의외이거나 놀라움을 주는 아이템을 추천하여 반응이 높게 나타난다면 만족감이 높은 큐레이션이 되는 것이다.

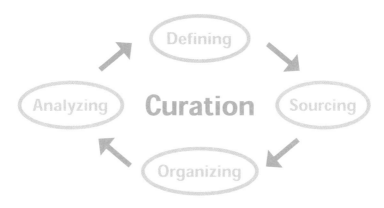

▶ 큐레이션 과정

큐레이션의 원리는 다음과 같다. '20대 여성들은 분위기 좋은 카페를 선호한다.'라고 가정해 보자. 만약 어떤 이용자가 20대 여성이며, 카페를 추천받고 싶어 한다면 평범한 카페보다 분위기 좋은 근처의 카페를 추천한다. 20대 여성들이 분위기 좋은 카페를 선호한다는 데이터가 사전에 있었기 때문이다. 하지만 위의 예시에는 문제점이 있다. 일반적인 대중성에 기반한 일반화된 추천이라는 것이며, 개개인의 성향을 모르고 큰 범위로만 추천을 했기 때문에 만족도가 떨어지는 추천이 될 수 있다.

그렇다면 이후 단계로 사용자와 아이템 간의 연관 관계를 평가하고 점수화하여 예측하는 것인데, 아이템 간의 유사도를 측정하여 추천한다. 예를 들어 영화를 추천한다고 할 경우 장르별, 감독별, 배우별로 유사도를 측정하는 것이다. 이때 만약 이용자가 특정 아이템을 선호한다면 해당 아이템과 유사한 것을 추천하는 식이다. 특징은 이용자를 비교하지 않고 아이템의 특성만을 비교한다는 것인데 장점은 다른 이용자의 영향을 받지 않고 새로운 아이템에 대한 추천이 용이하다는 것이다. 그리고 추천한 이유를 설명하기도 쉽다. 마지막으로 사용자 그룹이 형성되어 있고 그들 간의 평가 지수와 선호도를 고려하여 사용자 예측 점수와 선호도를 결정하는 것이다. 사용자와 비슷한 다른 사용자를 찾아서 그 사용자는 어떤 평가를 했는지 파악하는 방식이다. 이때는 아이템의 특성에 의존하지 않고도 적합한 아이템을 추천할 수 있고 반응 정도도 높게 나타난다.

어쩌면 큐레이션은 데이터 편집을 통해서 원하는 것을 찾아내는 과정이 아닌 필요 없는 과정을 삭제하는 것에 가까울 수 있다. 이용자가 선호하는 것을 추천하는 것보다 싫어하는 것을 추천하지 않고 경우의 수에서 제거해 나가는 과정이며, 이를 통해 만족도를 높이고 현명한 선택을 하도록 돕는 것임을 인지해야 한다. 그렇지 않아도 복잡한 현대생활에서 나를 위한 큐레이션은 덜 생각하도록, 덜 고민하도록 하여 시간과 비용을 함께 절약해 주는 과정이며 제공자는 그로 인해 구매 과정을 일회성이 아닌 연결된 단골 이용자로 이어지게 만들 수 있다.

08 구매와 구독은 라이벌 관계가 아니다

효용 이론이라는 용어를 들어본 적이 있을까? 효용 이론이란 개인이 제한된 자원으로 최대한의 만족을 얻기 위해 노력한다는 경제학 이론이다. 이용자가 구매 대신 구독을 선택하는 이유이기도 하다. 때론 구독이 구매보다 더 만족스러운 소비가 되기 때문이다. 하나의 제품을 여러 번 반복적으로 사용해야 하는 경우 그 만족도는 급격히 하락한다. 대부분의 재화는 시간이 지날수록 이러한 특성이 강해진다. 자동차를 매일 운전하게 되면 처음 자동차를 구매했을 때의 설렘은 없고 익숙함이 남는 것과 마찬가지이다. 과거에는 소유하는 것이 목표였다. 집을 소유하거나 자동차를 소유하기 위해 열심히 노동하고 그것들을 구매했다. 그러나 현재를 살아가는 세대들은 소유 자체의 의미보다 경험을 더 중시한다. 내가 필요로 하는 서비스나 제품을 내가 원하는 시간이나 상황에 맞춰 사용하고 경험하는 것을 더 높은 가치로 여긴다. 가격만큼 대가를 지불하는 것보다 사용한 만큼 대가를 지불하고 싶어하는 현명한 변화이자 이용자가 더 스마트해졌음을 보여주는 현상이기도 하다. 콘텐츠의 경우 하나의 콘텐츠를 반복해서 즐기는 것보다 다양한 콘텐츠를 한 번씩 즐기는 것이 훨씬 더 만족도가 높다. 기존에는 특정 물건을 구매할 때 여러 고민을 해야만 했다. 특히 값비싼 고가의 상품일 경우 그 고민이 더 깊어질 수밖에 없다. 다양한 콘텐츠를 즐기기 위해 이를 모두 구매하는 것은 비용 면에서도 매우 비효율적이다. 선호하는 디자인, 지불 가능한 가격대, 사용 경험이 있는 타인의 평가, 나름의 기준에 따라 감가상각비도 고려한다. 모든 기준이 통과되었을 때 비로소 일명 지름신을 불러 내릴 수 있게 되는 것이다. 이것은 분명 자본주의 시장에서 내가 갖는 특권임은 분명하지만 반대로 그만큼 본인에게는 선택에 대한 책임이 따를 수 있다. 때론 잘못된 선택이 큰 부담으로 작용할 수도 있기 때문이다. 실패를 거울 삼는다고 하지만 거울에 비춰진 내 모습이 항상 즐겁지만은 않은 이유이다. 선택은 때론 즐겁기도 하지만 때론 부담스러운 이유가 되기 때문에 항상 조심스럽다.

시대가 아날로그에서 디지털로 급격히 변함에 따라 구매에서 구독으로 가치가 전이되고 있다. 콘텐츠 전달의 매개체가 비디오 테이프, DVD에서 인터넷으로 바뀜에 따라 OTT서비스 즉, 개방된 네트워크를 통하여 프로그램, 영화 등 미디어 콘텐츠를 즐기는 시대로 변화했다. 한 번에 수많은 콘텐츠를 바로 유통할 수 있게 되었으며 이에 따라 사용자는 원하는 콘텐츠를 선택한 즉시 감상할 수 있게 되었다. 앞서 언급된 비디오, DVD의 반납이란 행위는 통째로 사라지고 말았다. 구매의 선택적 고민과 부담이 줄어든 것이다.

ICT의 발달과 디지털 트랜스포메이션Digital Transformation의 발전으로 기업이 디지털 플랫폼을 통해 다양한 제품과 서비스를 제공할 수 있게 되었다. 이용자 역시 오프라인 중심의 제품과 서비스에 집중되었던 소비 영역을 디지털 콘텐츠 등으로 점차 넓혀 나가고 있다. 아울러 음악이나 영상 파일을 다운로드 하기보다 스트리밍으로 콘텐츠를 소비하는 것으로 바뀌고 있고 플랫폼상에서 디지털 콘텐츠를 구독하는 이용자도 증가하고 있다. 사회적, 경제적 그리고 문화적인 것을 포함하는 대부분의 방식에서 변화는 진행 중이며 변화의 속도는 분야에 따라 천차만별이다.

디지털 시대에서 이용자가 가치소비로 변화하고 있는 지금, 음원 스트리밍을 서비스하는 '스포티파이'의 사례는 좋은 예시가 된다. 스웨덴에서 시작한 스포티파이는 전체 회원 3억 명 중 유료 가입자가 1억 명이 넘는 세계 최대의 음원 서비스 회사다. 재생 목록은 40억 개가 넘고 팟캐스트는 190만 개를 보유하고 있다. 모든 음원은 PC를 이용할 경우에는 무료지만 모바일을 이용할 경우에는 일부 콘텐츠를 제외하고는 유료회원이 되어야 이용할 수 있도록 설계했다. 무료 콘텐츠를 통해 회원을 확보한 뒤 유료가입자로 전환시킨 것이다. 디지털 시대에 모바일이 아닌 PC를 통해 음악을 듣는 사람이 적다는 것을 파악하고 무료라는 미끼 상품을 통해 음원 콘텐츠에 대한 경험을 마음껏 하게 한 후 모바일을 사용해야 하는 예를 들어, 학교 도서관에서 혼자 공부를 하는 시간이나 자동차를 타고 어딘가로 이동하는 중에는 유료회원의 혜택을 누릴 수 있도록 설계했다. 카페에 앉아서 커피 한 잔에 힐링되는 음악을 듣고 싶을 때도 유료회원이 되어야 한다. 디지털 콘텐츠의 특성상 무한 복제, 반복이 가능하다는 특징을 활용하여 구독 모델과 연계했다.

이처럼 구독이 디지털 시대에 훨씬 더 유리하고 합리적이며 효율적이라고 생각되지만, 그렇지 않은 사례도 있다. 영화, 드라마, 애니메이션, 음악 등의 디지털 콘텐츠 분야엔 구독이 대세일 수 있지만 아직도 게임과 소설, 만화 등은 구독보다는 구매 중심이다. 이유는 개별 콘텐츠를 즐기는데 많은 시간이 소요된다는 것과 저작권이라는 복잡한 문제 때문이다. 게임의 경우 콘텐츠를 즐기는데 필요한 시간이 영화, 드라마, 애니메이션 등보다 월등하게 긴다. 누군가가 주변에서 게임 하는 것을 말리지 않는다면 종일 게임을 하기도 할 것이다. 그룹을 만들어 남들과 겨루는 멀티플레이를 한다면 게임 시간은 더 길어질 수 있다. 그 때문에 사용자는 구독하기보다는 구매하는 것이 더 효율적이라 생각한다. 월 정액제 구독이라면 정해진 그룹과 시간을 맞추어야 하고 멀티플레이를 하기 위한 사전 시간 조정도 필요하다. 즉, 시간적 제약을 많이 받게 된다. 그럴 바에는 그냥 구매를 하여 언제든 게임을 즐길 수 있는 여건을 만들어 놓는 것이 더 낫다고 판단한다. 디지털 시대임에도 불구하고 인식의 변화는 조금 더딘 편이다. 어쩌면 그것이 더 효율적이라는 판단일지 모른다. 소니, 마이크로소프트 등 주요 게임 업체들이 게임 구독 서비스를 선보이고 있지만 신통치가 않은 이유도 여기에서 찾을 수 있다. '플레이스테이션 나우'와 같은 게임 구독 서비스는 사용자에게 철저하게 외면을 받고 있다. 저해상도 그래픽, 비싼 서비스 비용 그리고 무엇보다도 다운로드가 아니다 보니 상호 반응을 중요하게 여기는 게임 방식에는 적합하지 않는다. 마이크로소프트는 이러한 단점을 보완하여 '엑스박스 게임패스'라는 게임 구독 서비스를 출시하였는데 그래픽은 실사에 가까운 최신 그래픽을 적용하고 비용은 구매와 비교하여 70% 수준으로 책정했으며 스트리밍 방식이 아닌 다운로드 방식을 채택하며 게임 시장의 구독 서비스 가능성을 확인하고 있다.

소설과 만화는 복잡하게 얽혀 있는 저작권으로 인해 구독이 쉽지 않은 사례이다. 책과 만화의 경우 저작권이 출판사에 있는 것이 아니라 작가들에게 있기 때문이다. 수많은 출판사와 작가들을 만나 일일이 저작권을 조율해야 하는 문제 때문에 구독 콘텐츠를 확보하기가 만만치 않다. 물론 서서히 구매에서 구독으로 변화되는 흐름이 감지되기도 한다. 아마존의 '킨들 언리

미티드'는 월 10달러의 가격에 수백만 권의 소설과 교양 서적을 무제한으로 읽을 수 있는 서비스를 제공 중이다. 국내에는 '밀리의 서재'가 대표적이다. 상품을 생산하여 판매하고 이용자가 구매하는 시대에서 소유보다는 경험의 가치가 우선시되는 흐름 속에 이용자도 긍정적인 경험과 만족도를 고려해 구독을 결정하는 소비가 늘어가고 있다.

결국 소비 성향과 소비 패턴이 변화하면서 기업도 이용자에게 단순히 제품을 판매하는데 그치지 않고 제공 형태를 다변화해야만 하는 시기인 것이다. 저출산, 고령화와 더불어 비혼 인구 증가 등 다양한 사회 현상과 인구 구조적 변화가 맞물려 전체 가구 규모에서 1인, 2인 가구는 60%에 육박하며 절반을 넘어섰다. 소규모 가구는 필요한 양을 그때그때 구매하여 사용하는 것을 선호하는데, 이처럼 라이프 패턴이 다양해지면서 이용자는 각자에게 맞는 제품과 서비스를 선택적으로 구매하는 모습을 보인다. 낭비 없는 소비 생활을 추구하는 오늘날 이용자에게 구독 서비스는 최적의 대안이다.

▶ 패러렐즈 서비스 사례_출처 패러렐즈 홈페이지

구매와 구독은 라이벌 관계가 아니다. 소프트웨어의 경우 구매라는 것은 엄밀히 말하자면 사용할 권리를 소유하는 것이지 소프트웨어 자체를 소유하는 개념은 아니다. 구독하는 경우도 구독을 중단할 시점의 사용 버전을 영구히 사용할 수 있는데 구독을 중단한다고 해서 사용을 더 이상 못하는 건 아니기 때문이다. 단지 구독 중단은 업데이트가 안될 뿐이다. 따라서 패러렐즈와 같은 소프트웨어는 구매와 구독이 큰 차이가 없다. 최신판으로 유지하는 것이 중요한 프로그램이거나 업데이트 주기가 1년보다 짧을 경우 구독이 나을 수 있고 1년 이상 긴 기간으로 업데이트 된다면 구입이 나을 수 있다. 최신판일 필요가 없다면 구입해서 쓰다가 업그레이드가 필요할 때에만 구입하는 것도 방법일 수 있다. 이처럼 구매와 구독은 상황에 따라 그 사용 방식을 달리 할 수 있으며 차이가 있을 수 있으나 서로 반대되는 개념은 아니다.

09 다양한 요금제 방식

    종량제는 자신이 사용한 만큼 비용을 지불하는 것이고 정액제는 사전에 정해진 비용을 지불하고 일정 기간 동안 서비스를 제공받는 것이다. 다만 정액제라고 해도 무조건 동일한 것은 아닌데, 정액제 내에서도 요금에 차이를 두어 서비스의 질과 양을 달리하는 경우가 있다. 통신사의 스마트폰 요금제를 살펴보면 서비스 요금에 따라서 전송 속도의 차이를 두거나 서비스의 제한을 두기도 한다. 월 비용이 몇 천 원에서부터 몇 만 원까지 다양한 요금 구간이 존재하며 그 구간에 따라 제공되는 서비스도 다양하다. 요금이 저렴하면 그만큼 제공되는 서비스의 양이나 질적인 면에서 차이가 난다. 반면 요금 구간이 상대적으로 높을수록 그에 따라 제공되는 서비스의 양과 질도 비례해서 높다(너무도 당연한 얘기이다).

    보통 구독 서비스라고 하면 달마다 정해진 일정한 금액을 지불하고 이용하는 서비스를 떠올린다. 금액과 서비스를 동일하게 제공하면 처음에는 진입장벽이 낮기 때문에 이용자의 반응이 좋을 수 있다. '더반찬'은 동원에서 운영하는 정기 식단 서비스인데, 월 일정 금액을 지불하면 이용할 수 있다. 요일별 식단에 맞는 반찬을 매일매일 알아서 배송해 준다. '프레시코드'

나 '아임닭'은 샐러드를 정기 배송한다. 서비스 업체 입장에서는 동일한 월정액에 그와 동등한 서비스를 제공하는 것이 이용자를 관리하는 측면이나, 식단에 들어가는 반찬을 개개인적으로 고민할 필요가 없어 편리할 수 있다. 모든 것이 같으니 경우의 수를 고민 및 계산할 필요가 없다. 월정액 금액의 크고 작음의 차이는 없다. 그러나 시간이 지남에 따라 금액과 서비스가 동일하다는 것이 장점이 아닌 단점으로 작용할 수 있다. 선택할 수 있는 요금 기준 또는 서비스 종류가 모두 동일하기 때문에 일정 이상의 시간이 지나게 되면 식상하기 마련이다. 그러다 보면 유사한 다른 구독 서비스를 찾게 되고 이용자는 쉽게 이탈을 결심한다.

이것을 해결할 수 있는 방법 중 하나가 종량제다. 우리가 알고 있듯이, 월에 한 번 내는 정기 주차비는 정액제이고 한 달 동안 집에서 사용한 수도 사용량을 계량만큼 내는 방식은 종량제다. 정기 주차는 하루에 여러 번 출입을 하는 이용자이든 일주일에 한 번 사용하는 운전자이든 동일한 비용을 지불한다. 횟수가 다르지만 요금은 동일하다. 마찬가지로 사용 시간이 달라도 요금은 동일하다. 하루에 한 시간을 이용하든 24시간을 이용하든 동일하게 적용된다. 많이 써도, 적게 써도 같은 요금을 내야 하기 때문에 이용자 중엔 불만이 생길 수 있다. 반면 종량제는 사용한 만큼만 요금을 내기 때문에 매달 일정 금액을 지불하는 구독의 피로감을 느끼는 이용자에게 유용한 과금 방식일 수 있다. 이용자가 종량제를 선호하는 이유는 정액제보다 비용 면에서 문턱이 낮고 언제든 사용량을 스스로 조절할 수 있어 자유도가 높다는 것이다. 따라서 정액제 방식으로 구독 서비스를 정의하는 사례가 많지만 종량제 방식으로 구독 서비스를 고민한다면 이용자의 자유도를 높일 수 있어 효과적이다.

요일별 식단 서비스도 마찬가지다. 직접 집에서 요리를 하고 싶은 날에도 서비스를 일시 멈출 수 없어 이용을 해야만 하는 경우, 적어도 그날만큼은 의미 없는 서비스가 되고 만다. 따라서 이용자에게 높은 유연성을 서비스와 함께 제공할 수 있다면 차별화가 될 것이다. 정액제와 종량제를 섞은 정량제도 있다. 일정 요금에 시간이나 데이터 전송량을 제한하는 것으로써 일정 시간이나 정해진 데이터 전송량까지는 정액제를 적용하고 그 이후의 사용 시간이나 데이터에 대해서는 종량제를 적용하는 것이다. 이것은 온라인 게임 등에서 주로 볼 수 있는데 5,000원을 지불하면 30시간 동안 게임을 할 수 있고 이후 시간당 별도 과금을 하는 방식이다. 핸드폰 데이터의 경우도 일정 데이터까지는 5G로 이용 가능하지만 이후에는 LTE급의 전송 속도로 낮춰서 이용하도록 세분화하는 경우라고 볼 수 있다.

▶ 애플원 요금제_출처 애플 홈페이지

구독 서비스는 이용자에게 소유보다 경험이라는 더 나은 가치를 제공하고 비용적인 측면에서 구매보다 경쟁력이 있다. 구매보다 초기 비용이 적게 듣다는 것은 분명 장점이다. 그러나 어느새 구독하고 있는 모델이 점점 늘어나면서 구독 비용 또한 무겁게 다가온다. 다양한 것을 경험하는 것은 좋지만 결국 비용이 구매일 때와 비슷하게 부담으로 작용하게 되면 결국 다시 구매 형태로 돌아가는 방식을 택하거나 이용 중인 구독 서비스를 정지 또는 해지하면서 숨어 내기를 할 수밖에 없어진다. 이때 살아남지 못하는 모델은 자연스럽게 도태되고 만다. 구독 모델의 처음 시작점이었던 정액제 방식에서 종량제 그리고 정량제를 모델에 맞게 적절하게 편집하여 사용할 수 있어야 한다. 더 중요한 것은 과금 방식과 더불어 이용자에게 유연한 자유도를 얼마만큼 제공할 수 있느냐 하는 것이다.

미국에서 넷플릭스가 성공하게 된 가장 큰 이유는 저렴한 요금제였다. 넷플릭스가 기존의 미국 내 유료방송보다 더 저렴한 월 이용료를 책정함으로써 저소득층을 중심으로 전통적인 유료방송 서비스를 해지하고 구독형으로 갈아타는 현상이 발생한 것이다. 하지만 우리나라의 경우 전통 유료방송 서비스 가격이 이미 저가 경쟁 구조였기 때문에 가격 측면의 혜택이 거의 없다고 봐도 무방하다. 넷플릭스가 한국에 안정적으로 정착한 이유는 저렴한 가격과 더불어 전략적인 요금제 책정 때문이라고 할 수 있다. 극장에서 영화 한 편 보는 값으로 한 달 서비스를 이용할 수 있는 저렴한 가격과 전략적으로 무료 체험 프로모션을 통해 사람들을 모으고 동시 접속 멤버십, 제공 화질에 따라 베이직, 스탠더드, 프리미엄 요금 정책으로 세밀하게 이용자의 선택지를 높였다. 게다가 모바일 전용 반값 요금제는 스마트폰과 태블릿 등의 모바일 기기에서만 볼 수 있도록 시청을 한정해 기존 서비스 요금의 절반 수준으로 제공하는 것인데 말레이시아, 인도 등 일부 국가를 대상으로 테스트와 서비스를 제공한 경험을 갖고 있다. 모바일 전용 요금제의 시도는 네트워크의 불안전성으로 인한 속도 저하 등 자칫 잘못하면 서비스 품질에 대한 불신으로 이어질 수 있음에도 이용자 선택의 폭을 넓히고자 하는 넷플릭스의 노력이다. 그만큼 선택의 폭을 다양하게 제공하는 것은 중요하다. 말레이시아의 경우 네트워크 환경이 우수하고 사용자의 모바일 친숙도가 높은 나라 중 하나인데, 국민의 약 90% 이상이 모바일을 사용하고 있으며 이 중 절반 이상이 스트리밍으로 서비스를 이용하는 모바일 환경에 친숙하다. 한때 국내에는 주간 요금제가 제공된 적이 있었는데, 주간 요금제는 일주일 동안 콘텐츠를 무제한으로 시청하는 요금제다. 이것 또한 이용자에게 최대한의 자유도를 제공하기 위한 끝없는 넷플릭스의 전략이다. 주간 요금제는 저렴하게 서비스를 이용할 수 있도록 하는 요금 전략이었는데 현재는 이것을 동시접속자 서비스로 변화시켰다고 할 수 있다. 동시접속자가 서비스 요금을 나누어 내면 이전의 주간 요금제와 같은 저렴한 요금으로 서비스를 이용할 수 있다. 최근 인상된 프리미엄 요금제를 놓고 보면 동시접속자가 4명이기 때문에 한 사람당 4,250원에 해당한다. 요금 전략은 그만큼 실질적인 이용자 증가와 수익 창출에 기여할 수 있는 가장 빠르고 확실한 방법이다. 실행 비용이 거의 들지 않으면서도 즉각적으로 효과를 나타낸다. 이처럼 신규 콘텐츠를 새롭게 만들어 자주 업데이트 하는 것도 중요하지만 이에 못지않게 다양하게 선택할 수 있는 가격 선택권 또한 중요하다.

슬기로운
구독 서비스

Intro 기업은 판매하면 끝이지만 고객은 구매하며 시작이다

'비즈니스를 성장시키는 가장 효과적인 방법은 무엇일까'라는 질문에 아마도 대다수의 사람들이 더 많은 고객에게 제품이나 서비스를 판매하는 것이라고 얘기할 것이다. 하지만 이것은 커다란 퍼즐의 일부 조각일 뿐이다. 실제로 중요한 것은 고객을 가능한 오래 유지하는 방법을 찾아내는 것이다. 고객을 유지한다는 것은 고객 입장에서는 자신을 이해해주고 내가 누구인지를 알아주는 것이며, 기업 입장에서는 단순한 거래 그 이상인 관계를 맺는 것이다. 서로가 신뢰할 수 있고 믿음과 진정성 있는 관계 구축이다.

고객을 확보하는 것이 기업 성장에 매우 중요하지만, 고객을 유지하는 것만큼은 아닐 것이다. 기업이 어려운 시기를 버텨 낼 수 있도록 도와주고 민감한 여러 이슈에도 변하지 않고 유지될 수 있도록 지탱해 주는 버팀목이다. 그럼에도 불구하고 대다수 기업의 판매 방식은 일회성 중심이다. 판매가 완료되면 바로 매출이 되고 매출은 최종 해피엔딩이다. 끝나지 않는 해피엔딩을 위해서는 계속 신제품이 출시되고 출시된 신제품이 지속적으로 판매되어 매출로 이어져야만 가능하다.

기업은 판매가 최종 목표지만 고객은 구매가 시작이다. 이런 시각 차이를 이해하고 구독 모델로 간극을 메꾸어 갈 방법을 생각할 필요가 있다. 고객과의 관계를 일회성이 아닌 다회성으로 발전시키고 실시간에 가까운 관계로 제품과 서비스를 지속적으로 업그레이드 하는 것인데 이때, 멤버십과 큐레이션은 중요한 수단이다. 멤버십의 예로써 만약, 어느 고등학교가 교육의 질을 높여서 구성원인 학생의 대학 진학률과 직장 취업률이 오르면 학교의 평가는 자연스럽게 상승한다. 큐레이션도 이와 마찬가지다. 엄마가 입을 옷을 대신 골라주거나 여자친구가 스타일을 추천해 주는 것과 같다. 나에게 맞춰 커리큘럼을 짜 주고 좋은 대학에 진학할 수 있도록 도와주거나 좋은 직장에 취업할 수 있도록 수행평가를 하여 개개인의 만족도를 높인다. 다만 멤버십의 목표는 도달 가능한 전체 시장으로 비교적 군집이 크며 학교 전체가 예시가 될 수 있는 반면, 큐레이션은 그 학교에 속해 있는 학생 개개인을 중심으로 하는 것에 차이가 있다. 기업에게는 단골 확보가 무엇보다 중요하며 단골은 절대 일회성 판매 전략으로는 불가능하다. 때문에 구독 모델은 기업에게 중요한 모멘텀이 될 것이다. 판매는 끝이 아닌 새로운 관계의 시작이며, 이러한 시작의 반복이 단골로 이어지게 된다. 기업이 생존하기 위해서 고정비를 관리하고 또한, 리스크를 줄이기 위해 베타 서비스 전략을 활용하며 끊임없이 고객의 욕구를 찾아서 해결하려고 노력한다면 고객은 만족할 것이다. 여기에서는 구독 서비스를 만들어 가는데 있어서 여러 가지 고려해야 할 사항들을 설명하고 구체적인 적용 방법에 대해서 알아본다.

01 윈-윈 모델
무엇이든 가능하다

        구독에 불가능한 상품이 없다는 말이 나올 정도로 구독 서비스는 전 세계적으로 급부상하고 있다. 국내외 수많은 기업이 기존에 영위하던 사업과 관련한 구독 서비스를 속속 선보이고 있는데 먹거리는 물론이고 콘텐츠 등을 포함해 자동차, 그림, 주거 공간 등 우리의 일상생활 전반의 다양한 분야에서 상상조차 하기 어려웠던 서비스가 등장하고 있다. 구독 서비스는 이용자와 제공자 모두를 만족시킬 수 있는 윈-윈Win-Win 모델이다. 이용자는 제공자가 추천하는 검증된 상품을 고민의 시간 없이 비교적 저렴한 가격에 이용할 수 있고 제공자인 기업은 이용자가 서비스를 해지하기 전까지는 안정적인 판로를 확보할 수 있기 때문이다. 이용자는 비용 대비 이득이라고 느껴지면 구독에 지갑을 여는 것을 망설이지 않는다.

        기업들도 유료 회원 즉, 구독자를 모으기 위해 다양한 혜택을 제공한다. 국내에서 구독 서비스 경쟁이 가장 치열하게 펼쳐지고 있는 온라인 쇼핑을 포함하는 이커머스 시장만 보더라도 이런 흐름을 알 수 있다. 정기 결제를 하는 유료 멤버십 회원에게 지불한 돈 이상의 가치를 제공하는 조건을 내걸고 가입자를 늘려 나가고 있다. 쿠팡은 와우 클럽 회원에게 별도의 비용을 받지 않고 새벽배송, 당일배송 등을 제공하고 있고 스마일 클럽이라는 유료 서비스를 운영하고 있는 이베이코리아는 이용자가 정기 결제한 금액보다 더 많은 포인트를 지급하고 있으며, 매달 10%가 넘는 상품 할인권도 혜택으로 제공한다. 미국 최대 전자 상거래 기업 아마존은 유료 멤버십 아마존 프라임을 운영 중이다. 신속한 배송뿐만 아니라 무제한 음악 감상, 영화 시청 등 다양한 혜택을 제공하며 회원수를 늘리고 있다. 현재 글로벌 시장에서 약 2억 명 가까운 회원을 확보하고 있으며 매년 연회비로만 대략 21조 원 정도를 벌어들이고 있다. 현재 유료 회원이 매달 내야 하는 회비는 14.99달러인데, 2018년 9.9달러였던 회비에서 30% 올린 가격이다. 당시 비용 인상에 따른 비판도 있었지만 가입자 이탈로는 이어지지 않았는데, 빠른 배송과 유료 회원 전용 할인 행사인 아마존 프라임 데이 등 포기할 수 없는 혜택들이 그만큼 많았기 때문이었다.

과거 산업계를 관통하는 비즈니스 모델은 일회성 판매를 전제로 했다. 기업과 이용자의 관계도 한 번 상품을 팔면 끝나는 관계였고 이용자의 니즈 변화에 대한 대응은 장기간에 걸친 신제품 출시에 주로 의존해 왔었다. 구독 서비스의 확산은 이런 산업 생태계를 바꿔 나가고 있으며 이용자와의 관계를 장기적으로 유지해야 하는 만큼 지속적으로 니즈를 파악하고 서비스 업그레이드를 통해 고객의 이탈을 막는 유일한 방법이 되고 있다. 대표적인 곳이 미국에서 설립된 달러 세이브 클럽이다. 당시 면도기 시장에서 70%라는 높은 점유율을 차지하던 질레트는 시장에서 영향력을 발휘하며 면도날 가격을 높게 유지하고 있었는데 주기적으로 구매를 해야 하는 상품의 특성상 이용자들의 불만이 클 수밖에 없었다. 달러 세이브 클럽은 이러한 틈새를 공략하여 9달러 미만의 저렴한 가격에 매달 6개의 면도날을 배송해 주는 구독 서비스를 내놓았고 결과는 성공적이었다. 현재도 약 300만 명이 넘는 가입자를 확보하며 성장을 이어 가고 있다.

▶ Win-Win 주요 키워드_출처 구글 검색

구독 서비스는 모바일 기술과 구독이 결합하면서 더욱 편리하고 유연한 소비가 가능하도록 한다. 사람들은 원하는 때 필요한 만큼만 서비스를 이용하고 경험하지 못한 새로운 제품과 서비스로 옮겨갈 수 있다. 구독 서비스를 이용하는 기업은 재고 비용이나 감가상각비를 고민하지 않아도 된다. 예를 들어 기존의 전산시스템이 최대 수요를 예상해서 장비를 갖췄다면 클라우드 컴퓨팅을 활용하여 그때그때 상황에 맞게 자원을 활용해 낭비를 줄일 수 있다. 대학 수강 기간이나 명절 열차표 구매 등 트래픽이 몰리는 일정 기간만 클라우드 컴퓨팅 자원을 더 구매하고 이후에 원래대로 돌아가는 식이다. 클라우드 기반 구독 소프트웨어의 경우 정기적으로 업데이트 할 수 있어 고객의 만족도를 높일 수 있다.

어쩌면 구독 서비스로 기업이 얻을 수 있는 가장 큰 이득은 바로 고객 데이터일지도 모른다. 구독 모델로 고객 데이터를 확보하면 마케팅에 질적인 변화를 줄 수 있다. 버거킹에서 와퍼를 먹는다고 이름이나 나이를 대지 않듯이 기존에 물건을 파는 방식으로는 기업이 고객을 정확히 알기 어렵다. 그러나 기존 매장에서 팔던 공산품도 렌탈형 구독 서비스로 바꾸면 고객 식별이 가능해지고 추가적인 수익을 올릴 기회가 많아진다. 코웨이의 경우 정수기 렌탈에서 공기청정기, 침대까지 판매하는데 구독 모델을 통해서 하나의 판매에 그치지 않고 다른 상품을 묶어 파는 크로스 판매와 더 비싼 물건을 파는 업세일이 가능해졌다. 고객의 사용 정보와 고객과의 접촉점을 확보했기에 가능한 일이다. 마케팅 비용도 줄어 이를 고객 혜택으로 돌리면 기업과 고객 모두에게 득이 될 수 있다. 전 세계 거의 모든 산업에서 하드웨어 및 소프트웨어 기반의 사업을 하는 기업들은 구독 서비스 모델에 대한 요청이 지속적으로 증가함에 따라서 더욱더 구독 서비스 모델을 수용하는 중이고 고객은 구독 서비스 모델에서 유연성을 요구하고 있다. 이러한 요구를 충족하는 회사는 경쟁사를 능가하는 성장을 경험할 수 있어 양쪽 모두에게는 윈-윈이 된다.

02   기업의 생존
베타 서비스 전략

베타 서비스란 주로 인터넷을 기반으로 운영되는 프로그램이나 게임의 정식 버전이 출시되기 전, 프로그램상의 오류를 사전에 점검하고 사용자들에게 피드백을 받기 위하여 정식 서비스 전 공개하는 미리 보기 형식의 서비스를 말한다. 신사업이나 신제품이 실패하면 금전적, 시간적 낭비일 뿐 아니라 기업 이미지 손상, 종업원의 사기 저하, 파트너社와의 관계 악화, 나아가 투자자의 신뢰 저하 등 많은 문제가 발생한다. 따라서 기업은 서비스 및 제품을 시장에 내놓기 전에 성패를 결정지을 위험을 평가하여 사전에 수정, 변경하기 위한 테스트를 실시한다.

그것은 버그를 찾아내어 수정하는 것을 목적으로 하는 것도 있지만 궁극적으로는 사용자마다 호불호가 갈리는 기능, 서비스에 대한 진정한 사용자의 의견을 직접 알고자 시행한다. 즉, 정말로 유저가 원하는 기능과 서비스를 담아내기 위해 베타 테스트를 하는 것이다. 만약 제품 및 서비스를 개발하는데 막대한 인력과 자원을 투입했는데, 품질이나 사용 경험에 있어 문제가 발생하면 이용자는 그 서비스를 외면하게 될 것이다. 그렇게 되지 않게 하기 위해서 출시 전에 사용성 테스트를 하고 실제 반응을 관찰한다. 이용자 경험을 살펴보고 미리 개선하여 시간과 비용을 절감하고 니즈에 맞춰 서비스를 확대하면 리스크를 최소화할 수 있다.

알파 테스트	베타 테스트
폐쇄적	공개적
사내 진행	관계자 외의 사람과 진행
체계적	비체계적
원활한 작동 가능 여부 확인	결함 찾기
작동의 한계를 파악	결함 수정

▶ 베타 서비스의 이해_출처 베타즈 홈페이지

베타 테스트의 목적은 신제품 또는 서비스가 이용자에게 어떻게 받아들여지는지를 예측하는 것으로 예상 매출, 구매율과 재구매율, 구입자의 비율과 빈도, 서비스의 이미지와 평판, 가격이나 프로모션에 대한 반응 등을 종합적으로 파악하게 된다. 사전에 문제점을 찾아내고 테스트 과정에서 이용자들의 페인 포인트Pain Point를 미리 발견하여 개선할 수도 있다. 또한 사업적 기회를 좀 더 빨리 발견하는 계기와 서비스 업그레이드를 위한 기회가 되기도 한다.

보통 제조 공장에 가면 흔히 볼 수 있는 것이 주물이다. 대량 생산을 위해서는 주물을 먼저 제작해야 하는데 주물을 만들어 모형을 완성해 놓으면 이후부터는 재료를 부어 주물 형태대로 찍어 내기만 하면 된다. 빠르고 손쉽게 제품을 생산할 수 있기 때문에 대량 생산에는 주물이 꼭 필요하다. 그러나 상품이 시장의 인기를 얻지 못하고 이용자들의 외면을 받게 되면 상품과 함께 고가의 주물도 무용지물이 되고 만다.

▶ 베타 서비스의 이해_출처 레이블리

　　따라서 안정적인 시장 안착을 위해 공장의 주물과 같은 모형을 만들기 전 테스트 상품을 샘플링 하여 시장에서의 직접적인 반응을 살피는 것이 중요하다. 하지만 상품이라면 주물을 제작하기에 앞서 몇 개를 만들어 샘플링이 가능할 수도 있겠지만 서비스와 같은 무형의 모델은 샘플링이 어렵다. 유형의 상품이 아니다 보니 시장의 반응을 파악하기가 쉽지 않지만 상품이 샘플링을 통해 시장의 반응을 살피듯, 구독 모델을 통해 서비스 모델의 가능성을 테스트해 볼 수 있다. 즉, 구독을 활용해서 신규 서비스 모델을 시장에 안정적으로 제공하는데 활용할 수 있다. 아마존 프라임, 왓챠, 밀리의 서재 등과 같은 멤버십형 모델의 경우 제공된 콘텐츠의 선호도를 미리 파악해 볼 때 유리하다. 아마존 프라임의 무료 배달, 프라임 비디오, 뮤직 프라임, 프라임 게이밍, 프라임 리딩 등 제공되는 서비스 중에 어느 서비스를 더 많이 선호하는지를 파악할 수 있다. 왓챠, 밀리의 서재의 경우도 어느 장르의 콘텐츠를 즐겨 보고 많은 시간을 할애하는지 알 수 있다. 또한 서비스 제공 가격의 적정성을 테스트해 볼 수 있다. 렌탈형의 경우 이용자와 관계를 지속하기 위한 요건이 무엇인지를 파악하고 불만족스런 콘텐츠나 기능을 확인할 수 있으며 서비스 해지 시에 고려되는 내용을 검증할 수 있다. 마지막으로 정기배송형의 경우는 원하는 배송의 수단과 경로를 포함하는 속도와 정확성의 니즈는 물론이고 과자를 박스에 담아 보내는 서비스의 경우 여러 종류의 과자 중에 신제품 과자를 배달에 포함시켜 이용자의 직접적인 반응을 확인하고 이후에 대량 생산 여부를 판단하는데 활용할 수도 있을 것이다. 아니면 기존에 판매하던 상품을 결제 방식만 바꾸어 정액제 또는 정기배송의 형태로 제안하고 이용자의 평가를 확인할 수도 있다. 이처럼 새롭게 시장에 출시하고자 하는 서비스 및 제품을 안정적으로 시장에 안착시킬 수 있는 방법으로 구독을 활용한다면 리스크를 최소화하면서 이용자의 생생한 반응을 직접 확인할 수 있다.

03 영원한 숙제
기업의 고정비 줄이기

     회계에서 비용을 구분하는 여러 측면 중에 고정비와 변동비라는 개념이 있다. 변동비는 매출의 증가와 함께 증가하는 비용이고 고정비는 매출의 증가와 상관없이 고정된 비용이다. 고정비는 매출의 증가에 따라 함께 증가하지는 않는다. 변동비가 크다는 것은 매출의 증가에 따라 이익이 크게 증가한다는 것을 의미한다. 사무실 임대료, 직원의 인건비는 매출이 발생하지 않아도 부담해야 하는 대표적인 고정비이다. 고정비가 크면 회사가 어려울 때 부담해야 하는 비용이 많다.

     인건비는 고정비의 성격을 가지고 있지만 가끔 변동비로 반영되는 경우도 있다. 어느 정도 이상의 매출이 발생할 경우, 이를테면 회사 생산량을 늘려야 하는 경우는 공장의 작업량을 늘려야 하고 결국, 근로자의 업무 시간이 늘어날 수밖에 없다. 잔업 수당 같은 비용이 변동비가 되곤 하는 것이다. 회사가 어느 정도 규모에 이르러 안정적인 매출이 발생할 때까지는 변동비의 비중을 늘리고 고정비를 최소화해야 하는데, 이런 경우 구독 서비스가 비용 측면에서 효과적이다. 기업이 판매하는 제품 및 서비스의 가격은 제공하는데 들어가는 원가보다 높아야 손실이 나지 않으며 그 가격은 제공받는 가치보다 낮아야 제품 및 서비스가 시장에서 경쟁력을 얻게 된다. 다만 때에 따라서 경쟁이라는 특별한 상황으로 인하여 생존 방정식에 경쟁 요소가 추가될 수도 있다. 경쟁 여하에 따라서 가격을 어쩔 수 없이 낮춰야 하는 경우가 생기기 때문이다. 또한 이용자가 느끼는 상대적인 가치도 경쟁의 영향을 미친다.

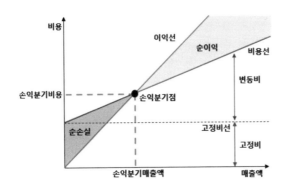

▶ 고정비 이해_출처 미래재무경영연구소

　디지털 콘텐츠를 구독 서비스로 제공하는 사례를 보면 서비스 제공에 따른 변동비가 크지 않은 것을 볼 수 있다. 디지털 콘텐츠를 확보하기 위한 로열티나 제작 비용은 매우 크지만 일단 만들어진 디지털 콘텐츠를 추가 이용자에게 제공하는 비용 즉, 변동비는 적기 때문이다. 따라서 구독자가 늘어나도 고정비인 원가에 비례해서 늘어나지 않는다. 예를 들어, 10명의 이용자에게 디지털 콘텐츠를 제공하는 비용은 1명의 이용자에게 제공하는 비용의 10배가 되지 않으며 비례해서 증가하지도 않는다. 경우에 따라서는 고정비에 비해서 변동비가 미미해서 10명의 이용자를 대상으로 서비스하는 비용과 1명을 대상으로 하는 서비스 간의 비용 차이가 거의 나지 않는 경우도 많다. 이러한 특성 때문에 디지털 콘텐츠를 제공하는 넷플릭스와 같은 모델에서는 추가 이용자를 확보하는 것이 바로 이익으로 직결된다. 그래서 넷플릭스, 디즈니플러스, 웨이브와 같은 구독 모델은 이용자를 확보하는데 사활을 건다. 넷플릭스의 경우 디지털 콘텐츠를 고정비로 지출해서 이미 확보했기 때문에 변동비가 아주 적다. 이용자 입장에서는 디지털 콘텐츠 제공 업체 중 비슷비슷한 가격대라면 콘텐츠가 가장 풍부한 서비스를 선호하게 된다. 게다가 오리지널 콘텐츠라면 더할 나위 없다. 독점적 콘텐츠를 확보한다는 것은 경쟁에서 매우 강력한 무기가 될 수 있으나 비례해서 고정비의 지출은 커질 수밖에 없다. 규모의 경제가 더해진 사업에는 비용이 감소하게 되므로 현금 흐름이 월등히 좋아지는데 넷플릭스의 경우, 오리지널 콘텐츠와 단독 스트리밍 계약을 통해 변동 비용을 고정비로 바꾼 다음부터는 구독자 수가 증가하면 증가할수록 이용자당 지출 비용이 눈에 띄게 감소했다. 그렇다면 누구나 넷플릭스처럼 오리지널 콘텐츠를 제작하고 단독 스트리밍 계약을 하면 가능한 걸까? 예를 들어 어떤 회사가 규모의 경제를 통해 건실한 사업을 갖추고 있다고 가정해보자. 그 회사의 경쟁자가 똑같이 규모의 경제로부터 오는 비용 감소를 통한 이익을 얻고자 한다면, 먼저 합리적인 경쟁자가 취할 행동은 규모의 경제를 갖추기 위해 시장에서 자신의 점유율을 늘리고자 노력할 것이다. 오프라인 기반의 제조사라면 생산량을 늘릴 것이고 온라인 기반의 스트리밍 서비스 기업이라면 구독자 수를 늘리는 것이다.

그러나 이미 규모의 경제가 갖춰진 회사를 상대로 경쟁자가 점유율을 늘리기 위해서는 고객에게 저렴한 가격 등과 같은 더 높은 가치를 제공해야만 한다. 이를 위해서 경쟁자는 비용이 대폭으로 오르는 것을 감수해야만 한다. 따라서 경쟁자는 쉽게 규모의 경제를 통한 이익을 따라 해내기 어렵다.

상대적으로 구독자 수가 적은 경쟁사들은 넷플릭스와 경쟁하기가 매우 어려운 환경에 놓이게 된다. 넷플릭스가 하는 것처럼 오리지널 콘텐츠도 제작하고 단독 스트리밍 권한 계약도 체결할 수 있지만, 그 대가는 장기적으로 큰 손실의 리스크를 짊어진 도박이 되는 셈인 것이다. 그렇다고 해서 보유하고 있는 콘텐츠의 수를 줄이거나 더 생산하지 않을 수도 없다. 치명적인 비용 구조를 개선하기 위해 쉽게 가격을 올릴 수도 없다. 이용자는 상대적으로 가치가 떨어지는 서비스에 더 이상 지갑을 열지 않는다. 따라서 일찌감치 콘텐츠 확보를 위한 효율적인 고정비 지출과 함께 변동비를 고정비로 변동시키고 구독자 수를 늘리면 지출 비용의 감소로 이어지게 되며 이를 통해 기업의 고정비 숙제를 해결할 수 있다.

04 초개인화 팬슈머

세상에는 다양한 서비스와 제품이 넘쳐 난다. 이 수많은 재화 속에서 나에게 딱 맞는 것을 찾는 과정은 귀찮고 복잡하며 여간 힘든 일이 아닐 수 없다. 이럴 때, 어떤 것을 선택해야 할지 고민하던 찰나에 내가 자주 가는 사이트나 서비스 플랫폼에서 나도 모르게 내가 원하던 제품과 서비스를 추천받은 경험이 있을 것이다. 이러한 과정이 초개인화다. 이미 우리가 이용하는 디지털 서비스는 '개인화'를 더욱 고도화한 초개인화 서비스를 도입하고 있다. 초개인화는 데이터를 기반으로 이용자를 독립된 개인으로 인식하여 초점을 맞춘 서비스이다.

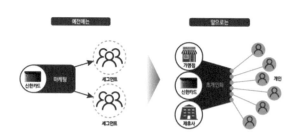

▶ 기존 마케팅과 초개인화 마케팅의 개념 차이_출처 신한카드 홈페이지

기존의 개인화는 개인의 정보인 성별, 지역, 나이, 직업 등 소비자가 입력한 정보를 바탕으로 분석을 했다면 초개인화는 인공지능, 빅데이터 등으로 실시간 개인의 생활 패턴과 취향을 분석하여 개별화된 경험을 제공한다. 예를 들어 내가 듣고 있는 노래, 배달 앱으로 주문한 음식, 유튜브, 넷플릭스로 보는 영상 등 온라인 행동 데이터를 실시간으로 분석하여 이용자의 니즈를 예측하고 정확한 개인 맞춤 서비스와 제품을 제공한다. 이처럼 초개인화 서비스는 개인의 삶을 편리하고 스마트하게 만들어준다. 유튜브 알고리즘은 내가 본 영상을 기반으로 나의 취향을 분석하여 추천해주는데, 대부분 기가 막히게 나의 취향을 저격한 영상을 제공한다. 이러한 추천 방식은 유튜브뿐만 아니라 넷플릭스, 왓챠와 같은 OTT서비스, 온라인 쇼핑몰, 포털 사이트에서도 쉽게 경험할 수 있다. 넷플릭스 같은 경우에는 이용자의 80% 이상이 추천 영상을 시청한 것으로 나타난다.

특히 구글은 자신들이 보유하고 있는 서비스에 광고를 붙여 사용자의 검색, 영상 시청, 사이트 접속 등 온라인에서 남긴 발자국을 추적하고 분석한다. 이를 통해 원하는 제품과 서비스에 대한 광고를 제공하여 결국 구매에 이르게 만든다. 이용자는 더 이상 검색하는 사람이 아닌 본인에게 알맞게 추천된 제품과 서비스를 고르는 선택적 소비 행동을 하는 사람이다. 이제 기업은 고객의 구매 여정을 경쟁사보다 빠르게 분석하고 고객이 원하는 제품을 적시에 제공해야 한다. 서비스 이용자를 제품 판매의 대상인 컨슈머가 아니라 제품과 서비스 충성도가 높은 팬슈머로 바꾸고자 노력한다. 과거 기업이 일방적으로 결정해 대량 생산하며 판매하던 체제에서 벗어나 이용자의 의견을 적극 반영해 상품을 출시한다. 과거 상품 재출시 또한 이런 변화에 호응한 결과다. 재출시 상품은 연령대가 높은 이용자에겐 향수를 불러일으키고 SNS 소통에 익숙한 MZ세대들에겐 재미를 선사한다. 오리온은 15년 만에 '와클'을 재출시하였는데 소비자들이 다시 출시해 달라며 오리온 공식 홈페이지와 SNS 및 고객센터 등에 요청한 결과이다. 팬슈머들의 요청에 따라 비빔면 소스만 따로 병입해 출시된 '팔도비빔면 비빔장'의 누적판매량은 1,400만 개에 이른다.

구독 서비스의 경쟁력은 이용자가 제품이나 서비스를 경험하면서 꾸준히 관리해야 하는 수고로움과 번거로움을 덜어주는 것이다. 서비스 가입 시점에 마음에 드는 콘텐츠를 몇 개 지정해두면 그것을 바탕으로 내가 흥미롭게 여길 콘텐츠를 추천한다. 나와 비슷한 취향을 가진 사람들의 데이터가 더해져 매우 정교한 추천이 가능하다. 이용자는 개인에게 잘 분석되어 맞춰진 서비스를 그냥 즐기면 된다. 이용자의 세밀한 취향을 분석해 제안하는 초개인화 서비스를 표방하는 국내 왓챠 서비스 또한 방대한 빅데이터에서 이용자의 취향을 분석, 개별 이용자가 좋아할 만한 콘텐츠를 제공한다. 이러한 알고리즘이 없었다면 아마 영화를 보는 시간보다 무엇을 볼지 검색하는 시간이 더 많았을지도 모른다.

사람은 저마다 취향이 다르다. 장르별로 구분을 한다면 액션, 멜로, 드라마, SF 등 다양한 장르가 존재하고 사람마다 선호하는 장르가 있다. 초개인화의 구독은 제품이나 서비스에 대한 사용 선택권을 이용자에게 부여하는 판매 방식이기 때문에 기존 사업 모델과 배치되는 점이 없고 오히려 기존의 사업을 보완하고 한층 더 발전시킬 수 있다. 코로나19 사태로 인해 사람들의 이동에 제약이 따르고 재택근무 등의 방식이 앞으로 더욱 활성화될 것으로 예상되는 시기에도 초개인화는 경쟁력이다.

과거 맥도날드가 국내에 들어오기 전, 롯데리아가 고객 니즈를 사전에 파악하고 경쟁력을 갖춘 사례나 전 세계 1위 유통회사인 월마트가 상륙했을 때 토종 할인 마트인 이마트가 경쟁해서 물리친 것은 이용자 중심의 사고가 얼마나 중요한지를 알려주는 사례다. 상품 진열 방식을 되도록 높게 하여 진열 양을 많게 하던 월마트의 방식에서 이마트는 고객의 눈높이 수준까지 맞추어 상품의 양보다는 시선에 잘 보이도록 바꾸었다. 또한 진열대와 진열대 사이의 폭을 넓지 않게 하여 카트로 양쪽의 상품을 번갈아 볼 수 있도록 시야에 노출시켜 쉽게 고를 수 있게 세밀한 배려를 했다. 스타벅스의 경우 사이렌 오더로 주문하고 별을 적립하여 일정 개수가 되면 무료 쿠폰을 발행하는데 이것은 고객이 다시 매장을 방문할 수 있도록 만드는 방법이다. 스타벅스는 과거 구매 기록, 사용자의 취향, 활동 데이터 등을 분석해 각 고객에게 맞는 제품을 추천하는데 활용한다. 이처럼 구독은 고객의 데이터 포인트를 수집하여 고객이 좋아할 만한 제품을 추천하는데 사용하고 구매 결정을 내릴 수 있도록 독려하는 리워드 프로그램 그리고 무료 제품 및 할인 등과 적극적인 연계를 통해 초개인화 서비스를 강화하여 컨슈머를 팬슈머로 바꾸는데 접점이 될 수 있다.

05 결핍에서 오는 욕구 채우기

　　요즘 사람들은 더 이상 소유에 집착하지 않으며 끊김 없는 서비스 이용을 추구한다. 음반을 구입하는 대신 음원 사이트에 접속하고 어디서든 듣기를 원한다. DVD를 사는 대신 넷플릭스에 접속해 영화를 본다. 소유 없이 서비스의 본질을 추구하는 것이다. 넷플릭스에서 드라마를 골라 집에서는 TV나 PC, 이동 중엔 스마트폰을 이용하여 끊김 없이 이어서 관람하고자 한다. 이용자는 이러한 욕구를 N스크린 서비스를 통해 해결한다. N스크린 서비스는 TV나 PC, 태블릿, 스마트폰 등 다양한 기기에서 하나의 콘텐츠를 끊김 없이Seamless 이용할 수 있게 하는 것을 의미한다. 기존의 매스 미디어 시대의 이용자들과 비교하여 새로운 욕구를 충족시킨다.

　　넷플릭스는 동영상 스트리밍의 글로벌 진출을 2010년부터 시작하였는데, 이미 그 이전인 2008년부터 게임콘솔인 Xbox360, 플레이스테이션 3, TV 셋톱박스 업체들과 제휴하여 넷플릭스 제공 동영상 스트리밍 서비스를 각 회사의 기기들을 통해 시청할 수 있도록 N스크린 서비스를 제공한 경험이 있다. 이처럼 새로운 기술 기반 디바이스 플랫폼에 넷플릭스 서비스를 멀티호밍Multihoming시킴으로써 넷플릭스는 거의 모든 스트리밍 디바이스 플랫폼에 탑재되는 멀티스크린 기업이 된다. 다양한 디바이스를 통해 영상을 시청할 수 있는 N스크린의 특성이 이용자 욕구를 해결하고 만족도를 높인 결과이다.

또한 넷플릭스가 만들어낸 새로운 시청 형태가 일명 몰아보기이다. 몰아보기는 원래 한 프로그램을 DVD 전편으로 보는 것을 의미하였다. 넷플릭스가 다양한 TV시리즈물의 여러 회차를 한 번에 시청할 수 있는 기회를 제공하고 자체 제작한 오리지널 콘텐츠를 한꺼번에 업데이트 하면서 이것은 OTT 이용자의 일반적인 시청 형태로 자리 잡았다. 몰아보기를 통해 이용자 스스로의 라이프스타일에 맞춰 언제든 편리하게 시청할 수 있게 되면서 만족도가 높아지고 따라서 지속적인 서비스 이용에 긍정적인 영향을 끼치게 되었다.

구독 서비스의 상징과도 같은 무제한 이용 경험은 상품과 서비스, 콘텐츠의 이용 경험을 바꿔 놓았다. 영화뿐만 아니라 e-book 콘텐츠를 무제한으로 즐길 수 있는 교보문고의 'Sam', 콘텐츠 크리에이터를 위한 무제한 음악 라이센스 서비스를 선보인 '셔터스톡', 비즈니스에 영감을 주는 보고서를 무제한으로 볼 수 있는 지식 콘텐츠 구독 서비스 '크리베이트', 온라인에 접속해 다양한 게임을 무제한으로 이용할 수 있는 마이크로소프트의 'Xbox' 등 무제한 서비스는 콘텐츠 분야에서 특히 강세를 보인다. 콘텐츠 외에도 월 149달러를 내면 수시로 병원에 가서 건강을 체크할 수 있는 '포워드'는 앱을 통해 의사와 24시간 상담을 할 수 있다. 심지어 집까지 구독 서비스가 가능하다. 일본의 주거 구독 서비스 회사인 'ADDress'는 월 4만 엔을 지불하면 전국 각지에서 단기 거주를 할 수 있다. 빈 집을 비롯한 일본의 유휴 주택을 리노베이션 하여 단기적으로 거주하고 싶은 사람들에게 빌려주기도 한다.

마땅히 있어야 할 것이 없거나 모자란 상태가 결핍인데 그중에서 경제적, 문화적, 사회적 결핍에 대한 대안을 구독으로 채워가고 있는 모양새다.

기존 상거래 비즈니스가 신규 이용자 창출 중심으로 서비스를 운영했다면, 구독 서비스에서는 기존 이용자 유지가 핵심이다. 즉, 단골 이용자다. 이용자와의 지속적인 관계를 고민하는 구독 서비스는 편리와 재미를 넘어 구독자의 개인적인 성향을 고려한 맞춤화 서비스로 진화하고 있다. 제한된 비용 안에서 원하는 욕구를 충족시키기 위해 요즘은 소유가 아닌 구독을 선택하고 있다. 이용자 관점에서 구독은 처음 제품과 서비스를 이용할 때 발생하는 초기 비용이 저렴하고 비교적 서비스 중단이나 해지가 쉽기 때문에 진입장벽도 낮다.

더 많이 알고 더 많이 경험하는 것이 경쟁력이 된 요즘, 구독 서비스는 개인의 경험을 확장하는 도구로 활용되고 있다. 매일 쏟아지는 신제품과 정보 속에서 새로운 제품의 장점과 특징을 찾아내고 어떤 기능이 나에게 더 맞는지 또는, 반대로 사용상의 단점과 불편한 요소는 무엇인지를 알고 제거하는 것이 필요하다. 그래야만 내 취향에 맞는 적절한 제품과 서비스를 선택할 수 있기 때문이다. 이러한 취향과 안목은 수많은 소비와 실패 속에서 쌓인 결과물이지만, 한정된 재화와 시간을 효율적으로 사용하고 싶은 사람들은 전문 지식을 갖춘 MD나 전문가의 안목을 빌려 실패 없는 소비 경험을 추구한다. 매달 한 개의 나라를 정하고 그 나라를 대표하는 과자를 박스에 담아 정기적으로 배송해 주는 서비스 '유니버셜 얌스', 전 세계의 구독자에게 매월 새로운 주제의 독립 잡지를 보내주는 영국의 '스택 매거진', 매달 새로운 취미를 소개하고 체험할 수 있는 키트를 보내주는 '하비박스' 등이 이용자에게 새로운 경험을 제안하는 사례다.

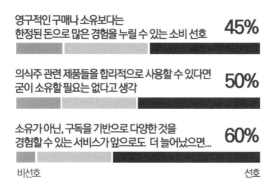

영구적인 구매나 소유보다는
한정된 돈으로 많은 경험을 누릴 수 있는 소비 선호 **45%**

의식주 관련 제품들을 합리적으로 사용할 수 있다면
굳이 소유할 필요는 없다고 생각 **50%**

소유가 아닌, 구독을 기반으로 다양한 것을
경험할 수 있는 서비스가 앞으로도 더 늘어났으면... **60%**

비선호   선호

▶ 소비 트렌드 변화_출처 디지털 인사이트

　또한, 이것은 잘못 선택한 구매의 리스크를 줄여주는 역할도 한다. 뭣도 모르고 좋아 보여서 혹은, 유행이거나 남들의 별점이나 평가가 좋아서 선택한 제품을 실제 받아 보고서 후회를 한 적이 있을 것이다. 이러한 선택의 리스크를 줄여주는 역할 또한 구독이다. 그리고 무엇보다도 상품과 서비스를 통해서 결핍되어 있는 욕망, 욕구를 채우고자 할 때 구독 모델을 통해 전문가의 도움을 받을 수 있다. 상품에 대한 해박한 지식을 보유하고 있는 상품 전문가, 추천 여행지나 일정에 따른 소요 경비를 알려주는 여행 전문가, 유행하는 헤어스타일, 나에게 맞는 머리 모양을 조언해주는 헤어스타일 전문가, 각종 모임에 필요한 드레스 코드를 추천해 주는 전문가 등 우리 생활에 필요한 전문가의 의견을 구독으로 이용할 수 있다. 구독을 통해 조언을 얻을 수 있고 서비스를 이용하게 된다면 적은 비용으로 결핍을 충족할 수 있게 된다. 한 번 사고 팔면 끝인 상거래의 룰에서 벗어나 관리 걱정 없이 본연의 서비스만 이용할 수 있는 장점 덕분이다. 구독은 부담 없이 이용해 볼 수 있는 다양한 선택지를 제공한다는 면에서 경험은 풍부해지고 혜택은 기본으로 챙길 수 있는 서비스가 되어 가고 있다.

06 이용자 중심의 과금 방식

구독 서비스 모델이 성공하기 위해서는 가격 경쟁력이 중요하다. 가격 경쟁력이란 재화나 서비스의 거래 시장에서 서로 경쟁 관계에 있는 공급자가 가격을 수단으로 하여 상대방보다 이익을 더 얻는 능력이다. 이 때 이용자의 마음을 움직일 수 있는 가격 전략이 중요하며 고객을 유치하고 유지하는데 비용이 많이 드는 구독 모델의 경우라면 더욱더 세밀한 가격 책정이 요구된다. 가격을 결정하는 방법에는 여러 가지 종류가 있으며, 가장 기본적인 방법이 원가기준법과 목표수익률을 반영하는 방법 그리고 가치기준법이다. 먼저 원가기준법이란 상품의 원가에 일정 비율의 이익을 더하여 가격을 결정하는 방법이다. 예를 들어 어떤 상품의 변동비가 단위당 10만 원이고 고정비가 60억 원이라고 가정한다. 이 상품의 예상 판매량이 10만 개라면, 이 상품의 단위원가는 다음과 같다.

단위원가 = 변동비+단위당 고정비
= 100,000+6,000,000,000/100,000=160,000(원)

이때 상품을 판매해서 20%의 이익을 얻고자 한다면, 이 상품의 가격은 다음과 같이 결정될 것이다.

가격= 단위원가/(1−희망이익률) = 160,000/(1−0.2)=200,000(원)

이 방법은 단순하다는 장점 때문에 많은 품목의 가격을 결정해야 하는 유통업에서 주로 이용된다. 하지만 고객이 이 상품에 대하여 어느 정도의 가치를 느끼며, 얼마 정도를 지불하려고 하는지 고려되지 않기 때문에 가격은 고객이 지불하려고 하는 것보다 통상 높게 결정된다. 경쟁사의 가격이나 원가에 대한 고려도 반영되지 않기 때문에 고객 입장의 가격 결정이 아닐 수 있다. 또한 단위원가는 판매량에 따라 달라지기 때문에 판매 가격을 정하기 위하여 단위원가를 계산한다는 것은 논리적으로 모순될 수 있으며, 앞서 언급한 넷플릭스의 사례와 같이 고정비와 변동비가 제공되는 판매 수량 혹은 서비스 구독자 수에 따라 영향을 받는 경우에는 부적절하다고 할 수 있다.

목표수익률 기준법은 목표로 하고 있는 투자수익률을 달성할 수 있도록 가격을 결정하는 방법이다. 예를 들어 회사가 상품을 만들기 위하여 총 200억 원을 투자하였고 이 투자금액에 대하여 10%의 투자수익률을 얻기 원할 때 적용되는 가격을 측정하려면 아래와 같다.

가격 = 단위원가+(목표 투자수익률×투자금액)/예상 판매량
　　= 160,000+(0.1×20,000,000,000)/100,000
　　= 180,000(원)

이 방법은 시장 내에서 독점적인 지위를 갖고 있고 일정 이상의 투자수익률을 내야 하는 의무를 안고 있는 경우 적용될 수 있는데, 보통 투자기관에서 사용된다. 하지만 원가기준법과 같이 고객의 지불 의사 또는 지불 적정성보다는 투자수익률을 먼저 고민하는 것으로 고객 관점의 가격 결정 구조는 아니다.

마지막으로 가치기준법이 있는데, 가치란 고객이 어떤 상품으로부터 얻는 편익과 그 대가로 지불하는 비용의 차이라고 정의한다. 가치기준법은 고객이 자각한 가치를 기준으로 가격을 결정하는 방법을 가리킨다. 먼저 우리 상품과 비교의 기준이 될 준거상품 또는 서비스를 선정한다. 이것은 대개 고객이 이미 이용하고 있는 것으로 보통 경쟁사가 제공하는 유형/무형의 상품 또는 서비스다. 이후 준거상품 또는 서비스를 대신 이용함으로써 고객이 얻게 될 경제적인 편익의 증가분을 화폐 단위로 계산한다. 이 값이 0보다 크다는 것을 전제로, 적절한 가격 수준을 결정한다. 이때 우리 상품, 서비스의 가격과 준거상품의 가격이 같으면 우리 상품, 서비스를 이용함으로써 고객이 얻게 되는 경제적 편익의 증가분을 모두 고객에게 돌려준다. 반대로 우리 상품, 서비스의 가격이 준거상품의 가격과 경제적 편익의 증가분이 같게 되면 고객이 얻게 되는 경제적 편익의 증가분을 모두 우리가 갖게 되는 것이다. 가치기준법은 고객의 관점에서 출발하며, 경쟁상품의 특성과 우리 회사의 원가를 모두 고려한다는 점에서 앞서 얘기한 다른 가격 결정법들보다 고객 중심이라고 할 수 있다.

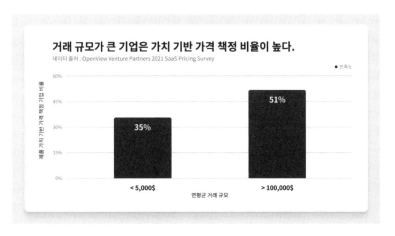

거래 규모가 큰 기업은 가치 기반 가격 책정 비율이 높다.
데이터 출처 : OpenView Venture Partners 2021 SaaS Pricing Survey

▶ 가치 기반 측정_출처 wishket 홈페이지

　　보통 기업이 판매하는 상품, 서비스에 얼마큼의 가격표를 붙여서 팔 것인가를 결정하는 가격 결정은 과거에는 고정비와 변동비로 나눠 계산을 한 후 같은 카테고리에 있는 경쟁자들이 비슷한 제품을 얼마의 가격표를 붙여서 파는지 모니터링 하여 가장 적합한 가격 구간을 구했다. 최근에 가격 결정은 보다 더 고객 중심으로 옮겨가고 있고 이용자가 가격 정보나 제품 사양 정보를 다양하게 접할 수 있는 온라인 비즈니스가 확산되면서 구독 비즈니스도 이런 경향을 반영한다. 이용자를 자사의 플랫폼으로 끌어들여 정기적으로 비용을 지불하고 서비스나 제품을 이용하도록 해야 하는데 고객에게 어떤 가치와 경험을 제공할 것인지 또한 그 가치를 충분히 제공하는지 등을 두고 고객을 설득할 때 무엇보다도 가장 큰 무기가 바로 가격이기 때문이다. 구독 모델에서 가격 결정에 중요한 핵심 고려 요소가 트라이얼 비용과 전환 비용이다. 대부분의 구독 서비스는 초반에 많은 사람을 끌어들이기 위해서 무료 체험판 멤버십인 트라이얼을 제공한다. 하지만 무료 체험과 좋은 서비스를 제공한다고 해서 모든 이용자가 계속해서 돈을 지불할 의사가 있는 것은 아니며 어느 서비스나 무료 체험만 쏙 이용하고 사라지는 체리피커 비율을 무시할 수 없다. 각종 혜택이나 프로모션 등을 통해 유료 구독으로 전환시키기 위해 노력해야 한다. 무료 체험판으로 해당 구독 서비스에 들어온 사람을 유료 구독으로 유도하는데 들어가는 전환 비용 역시 고려해야 한다. 이때 중요한 것은 신규 고객 획득 비용이다. 쉽게 말해 처음에 고객을 유치할 때 들었던 돈보다 고객이 구독 서비스를 이용하면서 쓰는 돈의 합이 더 많아야 한다는 얘기다.

왓챠의 경우 가격을 변화시킨 대표적인 사례라고 볼 수 있다. 왓챠는 2019년 초 사업 초기에 책정한 구독료가 서비스 유지를 위태롭게 하자 과감하게 가격 인상을 결정한다. 이때 회사의 입장만을 생각한 채 일괄적으로 올리지 않고 고객이 수용 가능한 범위가 어느 정도인지, 인상 결정에 대해선 어떤 반응을 보이는지 등 데이터를 통해 파악한 후 근거로 삼았다. 많은 회사들이 상품 구성이나 가격을 변동할 때 이와 같이 기존 고객을 대상으로 테스트를 먼저 해본 후 결정을 한다. 이 가격 테스트 전략은 기존 비즈니스에서는 상상하기 어려운데, 이미 서비스나 상품을 제공하는 과정에서 가격을 변화시키는 일이기 때문이다. 자칫하면 일관성 없는 태도로 인해 고객의 신뢰를 잃을 수도 있고 반품, 환불, 해지라는 커다란 저항이 생길 수 있다.

카카오페이지 사례의 경우, 카카오페이지는 웹툰이나 웹 소설을 구독하는 이용자 수를 늘리는 것이 핵심 목표이다. 처음에는 최소한 500원 이상의 요금을 책정하도록 했다. 하지만 대부분의 이용자는 제공하는 콘텐츠를 외면하고 이용하지 않았다. 결론적으로 돈을 전혀 벌 수 없는 구조가 되어 버렸다. 이에 카카오페이지는 일단 구독 서비스에 이용자를 모으기 위해 콘텐츠 중의 일부를 무료로 볼 수 있게 했는데 무료 도입 후 이용자 수가 3배로 증가했다. 또한 특정 일자를 기다리면 무료인 시스템을 도입하여 일단 유료 콘텐츠를 한 번 이용한 이용자에게는 일주일 후 속편을 무료로 볼 수 있는 권한을 부여했다. 이때 기다리기 싫은 사람은 결제를 하도록 유도한다. 이용자에게 자유도를 높여 주고 동시에 자연스럽게 돈을 내도록 이끄는 것이다. 또한 대여권과 소장권을 나눠서 대여권을 구매해서 한 회를 보게 된다면 3일 뒤엔 다시 볼 수 없도록 하고 소장권은 그런 제약 없이 언제든지 볼 수 있도록 구분하여 이용자가 서비스 이용 방식에 맞는 형태를 선택할 수 있도록 했다.

카카오페이지 사례와 같이 구독 서비스에서는 이용자에게 해당 서비스를 이용하는 대가를 일방적으로 요구하지 않는다. 오히려 해당 서비스가 제공하는 경험을 마음껏 즐기도록 유도하고 여러 가지 가격 지불 유도 전략을 구사한다. 영국의 록밴드 '라디오헤드'는 자신들의 앨범을 발표하면서 다운로드 가격을 이용자가 알아서 책정하도록 했다. 다운로드 수의 약 40%가 유료로 다운로드 했으며 이들의 평균 지불 가격은 2달러였다. 구독 서비스의 특성상 제품이나 서비스를 제공하는 한계 비용 때문에 가능한 가격 전략이다. 첫 제품이나 서비스를 만들어 내는데 고정비용이 높게 들어가지만 디지털 콘텐츠나 서비스를 복제해 판매하는데 들어가는 비용이 매우 낮거나 제로에 가까운 경우가 많기 때문이다. 처음에 낮은 가격으로 서비스를 제공하더라도 이용 숫자를 늘리고 이들을 충성도 높은 구독자로 변화시켜 나가는 가격 전략이 가능한 이유다.

07 솔직하면 고릴라도 미소 짓게 할 수 있다

누구나 일상생활에서 전문 서비스를 필요로 한다. 몸이 아파 병원을 찾는 경우, 자동차가 고장이 나서 자동차 정비소를 찾는 경우, 집을 팔기 위해 중개사를 찾는 경우 등 전문적인 서비스를 필요로 하는 경우는 부지기수다. 그러나 그 전문 서비스는 얼마나 신뢰할 수 있을까? 축농증 수술을 받으라는 의사의 말에 수술 날짜를 잡기는 했으나 정말 그 수술이 지금 꼭 필요한 수술인지, 자동차에서 나는 이상한 소리 때문에 정비소를 찾았는데 실제로는 엔진의 일부 부품만을 교체했으면서도 엔진 전체를 새것으로 바꿨다고 하며 비용을 과다하게 청구하는 것은 아닌지 또한, 간단한 혈액 검사나 소변 검사만으로 충분함에도 MRI나 CT 등 고가의 검사를 종용하는 것은 아닌지 말이다. 이처럼 우리는 전문 서비스를 이용하면서도 그 서비스에 대해 신뢰를 하지 못하는 경우가 빈번하다. 이러한 서비스는 우선 눈으로 직접 확인할 수 있는 재화를 거래하는 시장이 아니다. 의료 정비, 중개 등과 같이 눈에 보이지 않는 서비스가 거래되는 시장이다. 설령 눈으로 직접 확인한다고 하더라도 관련 지식 부족으로 인해 눈으로 보는 것이 큰 의미가 없기도 하다.

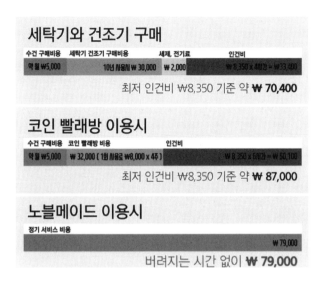

세탁기와 건조기 구매

수건 구매비용	세탁기 건조기 구매비용	세제, 전기료	인건비
약 월 ₩5,000	10년 사용시 ₩ 30,000	₩ 2,000	₩ 8,350 x 4시간 = ₩33,400

최저 인건비 ₩8,350 기준 약 **₩ 70,400**

코인 빨래방 이용시

수건 구매비용	코인 빨래방 비용	인건비
약 월 ₩5,000	₩ 32,000 (1회 사용료 ₩8,000 x 4주)	₩ 8,350 x 6시간 = ₩ 50,100

최저 인건비 ₩8,350 기준 약 **₩ 87,000**

노블메이드 이용시

정기 서비스 비용
₩ 79,000

버려지는 시간 없이 **₩ 79,000**

▶ 이용 비용 비교_출처 투이컨설팅 홈페이지

공급자가 제공하는 서비스는 사는 사람과 파는 사람 사이에 거래되는 서비스의 질에 대한 지식 차이가 크다. 이른바 정보의 비대칭성이 존재한다. 공급자가 가격 대비 상대적으로 질 낮은 서비스를 제공하지는 않는지, 간단한 서비스로도 충분한데 너무 지나치게 높은 서비스 가격을 요구하지는 않는지 사용자 입장에서는 판단하기가 어렵다. 구독 서비스도 예외일 수는 없다. 호텔에서나 만져보는 보송보송한 타월을 집에서 사용할 수 있다는 콘셉트로 등장한 호텔 수건 구독 서비스는 일주일에 한 번 쾌적하고 청결한 수건을 제공하며 나름 집 안에서 호캉스 기분을 간접적이나마 느껴볼 수 있도록 한다. 이 수건 구독 서비스는 집으로 깨끗한 호텔 수건을 배달하는데 이용자 입장에서는 빨랫감은 줄어들고 산뜻한 기분에 만족감이 높다. 새것 같이 보송보송하고 두꺼워서 기존 200g 미만의 수건을 사용하던 기억은 쉽게 잊혀진다. 세탁기에 돌리고 건조기로 말리고, 수건을 일일이 개는 일도 일상에서 사라진다. 물론 이용료를 지불하고 이용하는 서비스이다 보니 더 위생적인 방식으로 세척하고 살균 처리되기를 원할 수 있지만 통상 집에서 세척하고 빨래 건조대에서 건조하는 것 이상으로 뽀송뽀송한 감촉과 청결함을 제공한다.

유사 서비스가 늘어날수록 이용자의 기대치는 더욱더 높아질 것이고 의구심은 서비스 질에 대한 평가로 이어질 것이다. 물론 공급자에게 제공 서비스에 대한 증명 책임과 문제 발생에 대한 법적 책임을 부과함으로써 이용자가 피해를 보지 않도록 시장 제도를 잘 작동시키는 것도 기본적인 방법이며 전문가들이 제공한 서비스에 대한 이용자들의 평판도 중요한 신뢰의 역할을 할 것이다. 결국은 상호 간의 신뢰이며, 이 신뢰는 곧 서비스의 가치와 연결된다. 신뢰를 높이기 위해 시스템을 고도화하기도 하며 약속한 서비스가 립서비스가 아님을 지켜야 한다. 서비스에 대한 신뢰가 보장될 때 이용자는 자신의 시간을 기꺼이 사용하며 비용을 지불하게 되고 이것은 수익 창출로 이어진다.

구독 서비스 중 특히, 우리 생활과 밀접한 아이템들은 더욱더 신뢰가 중요하다. 침구 세탁의 경우 매일 진드기, 각질, 체내 분비물, 각종 세균 때문에 세탁의 필요성을 알면서도 바쁜 일상 때문에 차일피일 미루게 되는 경우가 많다. 이를 위해 침구 세탁을 대행하는 구독 서비스가 생기고 있는데 사이트에서 침구 교체 주기와 침대 사이즈 정보를 입력하면 매월 깨끗한 침구 세트를 문 앞까지 배달한다. 그러나 배달된 침구의 세탁 정도에 대한 청결함에도 불구하고 의구심이 들기 마련이다. 미세한 얼룩을 보게 될 수도 있고 냄새가 날 수도 있으며 침구가 뻣뻣하게 느껴질 수도 있다. 사용 후 가려움증이 생기기라도 한다면 더욱 그렇다. 생리대 구독 서비스도 마찬가지이다. 구독 서비스를 이용하면 매번 급하게 사러 갈 필요 없이 달마다 필요한 사이즈, 수량의 생리대와 탐폰을 받아볼 수 있다. 그러나 100% 유기농 순면 제품을 제공한다고 해도 시장보다 저렴하다면 제품의 품질에 의문이 들 수 있다. 그러나 확인하고 싶어도 달리 확인할 수 있는 방법은 없다. 그저 이용 후기나 평점을 믿는 방법뿐이다.

수건 서비스나 침구, 생리대와 같이 나의 피부와 직접적으로 접촉되는 상품은 늘 불안하다. 단지 내가 필요로 하는 상품이나 서비스를 이용함에 있어서 그저 다른 이용자의 평점, 평판만을 믿고 법적 규제 때문에 속이지 않을 것이라는 생각만으로 안심해도 되는 것일까? 이러한 불안감을 해소할 수 있는 방법이 없을까? 구독 서비스의 편리함에 더해 신뢰를 제공할 수 있다면 최고의 서비스 전략이 될 수 있다. 이때 신뢰 프로세스를 구현하기 위해 블록체인 기술을 활용하는 것이 대안이 될 수 있다. 블록체인은 모바일, 인터넷 기반의 디지털 환경에서 서비스 제공자와 이용자 상호의 신뢰 프로세스를 만든다. 블록체인의 분산구조화 특징을 활용하기 때문인데, 분산구조란 누구나 특정 데이터에 대해서 접근할 수 있고 데이터는 모두가 함께 관리하고 통제되는 구조다. 따라서 데이터를 임의로 누군가의 개인적인 의도로 수정하거나 삭제할 수 없도록 하는 특징이 있다. 모든 데이터는 제공자, 이용자 그리고 블록체인의 참여자로 등록된 사람들이 함께 관리하기 때문에 누군가의 특정 입맛에 맞게 수정하거나 변경이 불가하다. 호텔 수건 구독 서비스의 경우 서비스 제공자가 수건의 세탁과 관련된 전 과정을 이용자에게 투명하게 공개하고 이용자는 실시간으로 언제든 서비스 전 과정을 확인할 수 있다면 서로의 신뢰를 쌓을 수 있을 것이다. 수건이 수거되는 과정 그리고 수거 후 세탁, 건조, 재포장, 배달 등의 프로세스를 데이터화하여 위/변조가 불가능한 블록체인에 담아두고 누구나가 접근할 수 있도록 한다면 서비스의 신뢰도는 높아질 것이고 이것은 서비스 경쟁력이 될 것이다. 반대의 경우도 마찬가지다. 서비스 제공자는 이용자에게 제공된 수건이 올바르게 사용되고 있는지를 확인할 방법이 없다. 용도가 수건임에도 불구하고 지저분한 걸레처럼 사용되고 있지는 않는지, 수건으로 화장실, 욕조 등을 청소하거나 신발을 닦는 것은 아닌지 확인할 수 없다. 그저 이왕이면 깨끗하게 용도대로 사용해 주기를 바랄 뿐이며 서비스 비용을 받는 구조이기 때문에 그 이상을 바라지 않게 된다. 하지만 블록체인 기술을 활용하여 이용자가 지저분하게 사용하지 않고 수건을 올바르게 사용하고 있다는 것을 데이터로 확인할 수 있다. 이용자가 사진이나 동영상 등의 데이터로 공유하고 제공자와 블록체인 참여자가 모두 볼 수 있도록 한다면 상호 간의 서비스 신뢰도는 높아진다.

물론 비용을 지불하는 이용자 입장에서 부가적인 활동을 해야만 하는 것에 거부감이 들 수도 있겠으나 서비스의 다른 혜택으로 돌려주는 방법을 고민하고 참여를 유도할 수 있다. 포인트를 부여하여 일정 포인트 적립 시 서비스 이용 기간을 늘려 준다거나 무료 이용 쿠폰을 제공할 수도 있을 것이다. 제공자 입장에서도 이러한 추가적인 비용은 서비스를 선순환 구조로 만드는데 들어가는 것으로 긍정적인 효과를 가져올 수 있다. 블록체인 참여자가 서비스 가입자로 바뀔 수 있고 서비스 신뢰로 인해 더 많은 수의 구독자를 확보할 수도 있다. 이용자는 긍정적이고 자발적인 참여로 인센티브를 받을 수 있고 제공자는 올바른 사용법을 다른 이용자에게도 공개함으로써 서비스 신뢰를 높이고 서비스의 차별화에도 활용할 수 있다. 서비스 제공자는 일련의 과정을 투명하게 공개하고 이용자는 이러한 과정을 신뢰한다. 결국 신뢰를 어떻게 만들어갈 것이며, 어떻게 얻을 것인가의 문제이다. 어려운 과제이지만 한 번 구축된 신뢰는 쉽게 깨지지 않기 때문에 블록체인 기술을 통해 서비스의 신뢰를 고려해 볼 수 있다. 고릴라를 미소 짓게 하기는 어렵지만 한 번 미소 짓는 법을 이해한 고릴라는 항상 미소 짓게 된다.

08 블록체인으로
구독 서비스 차별화 두기

블록체인은 비트코인, 이더리움과 같은 암호화폐를 만드는 기반 기술이며 중개자를 거치지 않고 서로가 합의하여 만들어가는 탈중앙화된 제2의 인터넷으로 정의된다. 이러한 블록체인의 특징에 구독 서비스를 접목하여 서비스 차별화를 꾀할 수 있는데, 크게 세 가지 관점에서 접목 가능성을 고민해 볼 수 있다. 먼저 구독 서비스 이용 고객의 충성도를 높이기 위하여 리워드로 활용하는 방법이다. 이용 중인 구독 금액을 블록체인 기반의 암호화폐로 할인받는 방식이다. 예를 들어 자동차를 구독 서비스로 이용 중인 고객에게 서비스 이용 시간을 기준으로 실적에 따라 암호화폐를 리워드로 지급하는 방식이 있을 수 있다. 기존의 자동차 구독 서비스가 통상적인 렌탈 서비스와 별반 차이가 없었던 것을 감안한다면 분명 암호화폐는 서비스 차별화로써 시너지를 기대할 수 있다. 리워드로 받은 암호화폐 즉, 코인은 매월 말 구독료를 지불할 때 할인받는데 사용할 수 있다. 유사하게 생각할 수 있는 것이 포인트 서비스다. 일정 실적을 쌓으면 포인트를 지급받고 포인트로 현금처럼 대신 결제하거나 할인을 받는데 사용하기도 한다. 때문에 일면 코인과 포인트는 유사하다고 생각할 수 있다. 하지만 포인트는 몇 가지 면에서 코인과는 다르다. 타인 양도가 쉽지 않고 일정 기간 이후에는 소멸되는 기간 한계가 특징이다. 통상 마일리지, 포인트 등은 5년 후 소멸이 되곤 한다. 또한 포인트 발행 비용, 운영 비용이 만만치 않다. 시스템을 설계하고 개발하며 회원 개개인의 정보를 안전하게 보관하고 관리하기 위해서는 운영 시스템에 막대한 투자금이 필요하다. 회원 정보가 해킹을 당하기라도 하면 기업 이미지는 한순간에 나락으로 떨어질 수 있다. 게다가 회계상 부채로 관리되어야 하기 때문에 발행 포인트만큼 회사가 매칭된 자금을 보유하고 있어야 하는 부담이 있다. 소규모 기업에서 운영하기 쉽지 않은 이유이다. 특히나 구독 서비스와 같이 작은 기업 단위의 서비스 특징을 생각한다면 더욱 그러하다.

반면 코인은 블록체인 기반이기 때문에 발행에 어려움이 없다. 예를 들어 이더리움 기반의 플랫폼을 사용한다고 가정하면 몇 줄의 코드 입력만으로 쉽게 발행 가능하다. 코인의 이름을 설정하고 발행 총량을 세팅한 후 코인이 담길 지갑을 지정하면 된다. 때문에 관리, 운영 비용이 거의 제로에 가깝다. 게다가 타인 양도가 용이한데, 지갑에 담긴 코드를 타인에게 보내기만 하면 그만이다. 소멸 기간도 없다. 코드를 분실하지만 않는다면 소멸되지 않고 영구히 사용 가능하다. 무엇보다도 회계상 자산으로 인식되는데 이것은 부채로 잡힐 때와 다르게 발행된 포인트만큼의 자금을 보유할 필요가 없어 소규모 구독 서비스 기업에서 활용하기에 적합하다. 누구든 코인 발행이 용이하다.

코인은 업비트, 빗썸과 같은 암호화폐 거래소를 통해서 현금화도 가능한데 코인의 가치가 상승한다면 구독 서비스 이용자는 지불한 이용료 이상의 이익을 볼 수도 있다. 때문에 코인 획득을 위해 이용자는 서비스 충성도를 높일 것이고 이전보다 더 적극적인 구독자로 전환된다. 구독 서비스 이용 충성도는 높아지고 긍정적인 선순환 구조를 만들 수 있다.

블록체인 기반 인기 소셜 미디어 서비스인 스팀잇의 사례를 살펴보면, 스팀잇은 구독 모델과도 연계가 되어 있는데 페이스북의 '좋아요'와 유사한 기능을 통해 스팀잇에 게시된 글에 좋아요 클릭 수가 많을수록 게시자는 스팀이라는 코인을 인센티브로 보상받는다. 이러한 동기 부여를 통해 게시자는 양질의 콘텐츠를 지속적으로 생산하여 업로드 하게 되고 질 좋은 콘텐츠를 찾아 많은 사람들이 서비스에 접속한다. 글쓴이가 점차 더 좋은 콘텐츠를 만들어낼 수 있도록 하여 서비스는 선순환 구조가 되며 적극적인 구독자를 만든다.

두 번째로 서비스 모델 중 특히 커뮤니티 모델에 접목하는 것이다. 커뮤니티는 공동의 집단 또는 공동 사회라고 정의되는데 예전 PC통신 시절의 하이텔, 유니텔, 천리안 내의 게시판을 떠올릴 수 있고 그 이후 세대에는 싸이월드의 미니홈피, 아이러브스쿨의 출신 학교 모임을 생각할 수 있다. 요즘에는 페이스북과 같은 SNS가 해당되며 당근마켓도 포함된다. 더욱 끈끈한 커뮤니티 운영을 위해서 운영자의 동기 부여가 필요한데 회원과의 유대관계를 더욱 긴밀하게 하고 각자가 커뮤니티의 주인의식으로 스스로 기여하며 콘텐츠가 더 풍성해질 수 있도록 해야 한다. 그러기 위해서는 특정 소수에 의해 운영되지 않고 다수의 참여자가 만들어 가는 형태가 필요하다.

커뮤니티는 앞으로의 방향성과 여러 결정 사항에 대해 합의를 통한 의사 결정이 쉽지 않다는 한계가 늘 작용한다. 커뮤니티에는 수많은 사람들이 있으므로 어떤 사람들이 의사 결정에 참여할 것인지, 의사 결정의 비중은 어떻게 정할 것인지, 어떤 사람이 인프라를 개발하고 어떤 사람이 콘텐츠를 만들어 구성원에게 공유할 것인지 등 커뮤니티 운영에 따른 의사결정 사항이 매우 복잡한 특징이 있다. 이런 결정들을 하는 과정에 블록체인을 활용하여 모두가 합의하는 과정을 만들어 갈 수 있다. 누군가의 조작이나 특정 인물에 의한 독단적인 의사결정이 불가능하도록 하고 커뮤니티를 공정하게 운영하는 것이다.

커뮤니티 코인을 발행해 기여도에 따라 제공하거나 커뮤니티에서 항상 발생하는 '기여에 따른 보상 분배'를 시스템적으로 하여 커뮤니티의 지분을 나눠 갖는 과정을 운영진이 관여하지 않아도 알아서 작동하도록 설계하는데 활용할 수도 있다. 커뮤니티 운영을 코인을 가지고 있는 사람들에 의해 동작하도록 설계하면 코인을 소유하고 있는 것 자체가 커뮤니티의 주인이 되는 것이고 코인을 가지고 있는 사람들은 그 커뮤니티에 더 크게 기여하는 동기 부여가 된다. 이런 경제적 보상은 또다시 커뮤니티가 성장하게끔 하는 원동력이 되고 이러한 선순환이 커뮤니티형 구독 서비스의 경쟁력에 기여된다.

블록체인 커뮤니티에서 시작한 '논스' 서비스를 참고하면, 논스는 한국에서 가장 큰 블록체인 커뮤니티로 시작했다. 암호 자산에 관심 있는 학생과 창업가의 모임으로, 지식을 공유하고 새로 떠오른 아이디어에 대해 쉽게 대화할 수 있는 커뮤니티다. 논스는 단순히 온라인 커뮤니티가 아니라 강남 국기원 부근에 낡은 주택 등을 임대해 여러 명이 같이 살 수 있도록 개조한 뒤 구독 형태로 월 일정액을 지불하고 입주하는 형식이다. 구독형 커뮤니티는 커뮤니티 구성원이 스스로 콘텐츠를 만들고 공간을 만들어 주위 사람들을 끌어들인다. 모든 사람이 커뮤니티의 주인이 되고 능동적으로 커뮤니티를 확장한다. 블록체인을 접목하면 커뮤니티가 원하는 다양한 요구 사항에 맞쳐진 툴을 만들고 그 커뮤니티가 쉽게 확장될 수 있도록 할 수 있다. 그 커뮤니티 자체가 경쟁력을 갖게 되며 그렇게 형성된 커뮤니티는 구독 서비스의 이탈률을 극단적으로 낮추고 네트워크 효과를 불러일으켜 서비스 소속감을 느끼게 만들 것이다.

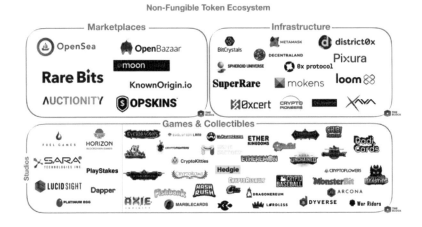

▶ NFT 이해_출처 더 블록크립토

마지막으로 NFTNon-Fungible Token, 대체 불가능한 토큰를 활용한 구독 서비스 차별화다. NFT는 블록체인 암호화 기술을 활용해 그림 파일이나 동영상, 음성, 텍스트 등 디지털 콘텐츠에 고유한 표식을 부여하여 유일한 것임을 인증하는 동시에 소유권이 누구에게 있는지 판단하는 수단으로써 오프라인상의 등기부등본과 개념이 같다. NFT는 기록 보관 기술인 블록체인에 존재하는 디지털 자산의 일종인데 게임, 예술품 등의 기존 자산을 디지털로 전환하는 수단으로 활용된다.

넷플릭스, 유튜브 등 디지털 콘텐츠 구독 서비스 대표 기업들도 NFT를 디지털 콘텐츠에 접목하려고 노력 중인데 특히, 유튜브와 유사한 동영상 구독 서비스인 '마이유스타'는 다른 구독 서비스와는 다르게 NFT를 통해 본인이 만든 콘텐츠의 가치를 인정받을 수 있도록 한다. 이것이 다른 구독 서비스와는 다른 가장 큰 차이점이다. NFT를 통해 크리에이터의 영상의 가치를 인정받을 수 있도록 해준다. 콘텐츠 거래를 주요 서비스 목표로 하는 기존의 일반적인 구독 서비스와 달리 콘텐츠의 창작 의도와 창작물에 대해서 거래가 가능한 NFT로 희소성을 부여하고 소유권을 제공한다. 디지털 콘텐츠의 저작권을 인정하고 NFT로 고유성을 확보해주는 것이다. 디지털 콘텐츠는 특성상 복제가 무한하며 실시간 가능하기 때문에 언제 어디서든 Ctrl+C와 Ctrl+V만 입력하면 복제된다. 이러한 무분별한 복제와 저작권 침해를 예방하기 위해 블록체인 기반의 NFT를 접목하여 서비스 차별화와 경쟁력을 확보해 가고 있다.

네이버 웹툰의 경우도 구독 서비스를 운영 중이지만 저작권 보호와 무단 배포 금지라는 문구로 끝낼 것이 아니라 NFT를 통해 콘텐츠 하나하나에 저작권을 보호하고 창작자의 권리를 인정하는 형태로 모델을 재설계할 수 있다. 저작자에게는 소유권의 가치를 인정하고 저작권 이슈를 해결하는데 활용할 수 있을 것이다.

3

4차 산업혁명과
구독 서비스

Intro 급격한 기술의 변화 속에서 구독 모델의 현주소를 찾다

　　제조업 차원에서 산업 구조를 보면 전통적인 파이프라인 구조로 생산자가 생산한 제품과 서비스를 소비자에게 전달하는 공급 중심의 방식으로 이루어져 있다. 그러나 4차 산업혁명의 등장으로 인해 데이터를 기반으로 한 수요 중심의 산업 구조로 변화하고 있다. 빅데이터, 인공지능, 클라우드 등의 핵심적인 기술을 바탕으로 제품과 서비스가 맞춤형으로 공급되기도 하고 공급 그 이상의 가치를 생산해 내기도 한다. 데이터를 생성하고 수집하여 분석하는 4차 산업의 핵심 기술을 모두 담을 수 있는 것이 바로 플랫폼이고 이러한 플랫폼을 통해 새로운 비즈니스 모델을 창출시키고 있다. 4차 산업혁명이 가져온 기술 혁신은 구독 모델이라는 새로운 패러다임의 등장을 더욱 가속화시키고 있다. 온라인과 오프라인의 경계가 점차적으로 사라지는 상황에서 구독 모델의 등장으로 플랫폼은 더욱 부각되어 가고 있다. 기존의 전통적인 시장 경제에서는 생산자와 소비자가 시장을 통해 거래를 하고 교환이 이루어지는 형태를 가지고 있는데 이때, 시장에서는 정보의 비대칭성과 협상의 불균형이라는 문제점이 있었다. 정보의 비대칭은 생산자가 소비자를 속이는 행위나 사기 등이 해당될 것이고 협상의 불균형은 소비자가 협상력이 약하거나 없는 경우 즉, 바가지요금의 대상이 되는 것을 의미한다. 이러한 현상들이 실패의 요인이 되며 시장의 한계로 자리 잡는다. 그러나 구독 모델이 새롭게 등장하면서 정보의 비대칭은 평판과 데이터 축적을 통해 축소시키고 협상의 불균형은 집단 정보 공유를 통해 해소하게 된다. 구독 모델은 공급자와 이용자로 구성되는 다수의 참여자가 공통의 플랫폼을 통해서 상호 작용에 의해 가치를 창출하게 되는데, 거래 비용은 낮아지고 연결과 상호 작용으로 인해 효용성은 그만큼 높아진다. 구독 모델은 네트워크 효과가 중요한데 이러한 효과는 눈덩이 효과Snowball effect 그리고 락인Lock in 현상으로 나타나게 된다. 눈덩이 효과는 작은 눈덩이를 계속 굴리면서 뭉치면 어느새 큰 눈덩이로 커지는 것을 말하며 구독 서비스의 과금 방식을 통한 유료 이용자의 증가를 표현한다. 이러한 특징 때문에 승자독식의 수익 구조를 만들어 가기도 한다. 기존의 방식을 뒤집으며 데이터 센터를 직접 소유하지 않고도 세계 1위의 기업으로 거듭날 수 있는 배경이 되고 필요할 때 필요한 만큼만 비용을 지불하는 합리적인 소비 방식을 만들어 가기도 한다. 4차 산업혁명 속 구독 모델은 일하는 방식마저도 변화시키고 있다. 좀 더 구체적인 내용을 통해 4차 산업혁명 속 구독 모델을 알아보도록 하겠다.

01 넷플릭스는
데이터 센터 없이도 리더가 된다

넷플릭스의 서비스를 보통 구독 서비스의 개척자 또는 최강자라고 부른다. 이런 수식어가 따라다니는 이유는 아날로그 시대에 일찌감치 구독 모델을 접목했기 때문이다. 구독 모델은 디지털 시대에 급속하게 성장했으며 디지털 콘텐츠가 풍부하게 생산되기 시작한 이후 주목을 받기 시작했다. 디지털 콘텐츠는 영화, 드라마, 애니메이션, 음악, 게임, 소설과 같이 콘텐츠를 인터넷 기반으로 제공하는 것을 말하는데 웨이브, 스포티파이, 유튜브, 멜론 등 수많은 서비스가 해당된다. 넷플릭스는 온라인으로 주문, 접수하고 우편으로 DVD를 배송해주는 회사로 당시 블록버스터라는 거대한 업체와 경쟁을 했었다. 블록버스터 매장을 이용하기 위해서는 먼 길을 가야하고 반납을 제때 하지 못하면 연체료를 물어야 했다. 여기서 착안을 한 것이 온라인 배송 서비스다. 연체료가 없는 온라인 구독형 서비스 초기 모델이라 할 수 있다.

아날로그 시대가 가고 디지털의 시대로 전환되면서 사회, 경제, 문화의 모든 면에서 변화가 진행 중이며 비즈니스 기회가 만들어지고 있다. 네트워크 속도는 예전과는 비교할 수조차 없이 개선되었고 디지털 콘텐츠의 생산량은 하루가 다르게 폭발적으로 증가하고 있다. 과거에는 생산자가 기계나 공장 등 생산 수단을 갖추고 있어야 했지만 지금 시대에는 생산자라고 해서 반드시 생산 수단을 갖추고 있을 필요는 없다. 누구나가 중개를 통한 생산자가 될 수 있다. 넷플릭스는 전 세계 약 1억 명 이상의 구독자를 갖고 있는 연 매출 16조 원의 기업이다. 연체료를 없애고 스트리밍 서비스를 통해 반납의 번거로움을 사라지게 했으며, 인터넷을 통해 언제든 콘텐츠를 감상할 수 있도록 했다. 구독 기간 중에 별도의 추가 요금도 없다. 수많은 디지털 콘텐츠 중에 무엇을 볼지 고민하는 이용자를 위해서는 개인별 맞춤 큐레이션 서비스로 고민을 덜어주기도 한다.

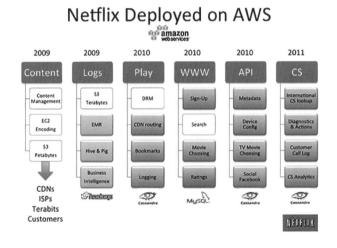

▶ 넷플릭스 AWS 서비스_출처 슬라이드쉐어

유튜브는 월간 로그인이 18억 건을 넘고 구글의 하루 검색 건수가 60억 건이 넘는다는 통계로 볼 때, 1억 명의 회원을 보유하고 있다고 할 수 있다. 회원당 하루 최소 1시간 이상을 접속한다고 가정하면 트래픽은 상상을 초월

하다. 영화나 드라마가 주된 콘텐츠이기 때문에 최소 1시간은 꾸준히 접속되어 있을 것이다. 이러한 트래픽을 감당하기 위해서 **빠르게 클라우드 환경으로 변화하지 않았다면** 아마도 지속적인 서비스는 불가능했을 지도 모른다. 시스템 환경을 클라우드로 전환하며 이용자 트래픽의 급격한 변동에도 적절하게 대응할 수 있는 환경을 구축했다.

데이터센터가 클라우드 환경이 아니었다면 서비스는 전혀 다른 모습이었을 것이다. 늘어나는 회원 수와 접속 시간의 증가에 따라서 추가적으로 업그레이드 해야 하는 시스템은 한둘이 아니다. 여기서 클라우드 서비스란 네트워크를 통해 데이터베이스, 스토리지, 애플리케이션을 비롯한 다양한 컴퓨팅 환경과 기능을 제공하는 서비스를 말한다. 클라우드 서비스를 활용하면 하드웨어 형태로 도입했을 때 발생하는 초기 비용, 자원 조달, 유지 용량 사용 계획 등 번거로운 작업에 대한 자원 낭비를 줄일 수 있고 필요 시 필요한 만큼의 리소스를 활용하여 이용자에게 최적화된 서비스를 구현할 수 있다. 이것을 언제나 접속 가능한 상태라는 의미에서 구름 속 컴퓨팅 즉, 클라우드 컴퓨팅이라고 말한다. 클라우드 컴퓨팅은 구독 서비스의 한 종류인데 매달 일정 금액을 지불하고 하드웨어, 소프트웨어 등을 사용하는 방식이다. 넷플릭스가 클라우드 환경으로 완전하게 이전하는 데 약 7년이라는 오랜 시간이 소요되었다. 기존 데이터센터의 역할을 대신하여 민감한 이용자 데이터뿐만 아니라 엄청난 양의 디지털 콘텐츠 그리고 큐레이션 알고리즘까지 모든 컴퓨팅 소스를 이전했다. 기간계 시스템뿐만 아니라 운영 시스템도 이전의 대상이었다. 그만큼 오랜 시간과 비용을 들여서 클라우드 서비스로 전환을 선택한 이유는 바로 구독 서비스 모델을 가장 잘 백업할 수 있는 데이터센터가 바로 클라우드였기 때문이다. 클라우드로의 이전을 통해 기존보다 시스템의 확장성과 서비스의 가용성, 그리고 무엇보다 새로운 콘텐츠 확보 역량이 늘어났다. 또한 트래픽 속도를 증가시켰으며 비용 모형이 경제적으로 바뀌었다. 사용량에 대해서만 비용을 지불하면 되기 때문에 서비스와 연관된 다양한 많은 실험을 해볼 수 있다는 것도 장점이다. 예를 들어 베타 서비스를 위해서는 기본적으로 갖추어야 할 시스템이 많은데 모든 시스템을 갖추는 것은 결과에 따른 책임이 그만큼 커지게 된다는 것과 같다. 그러나 이것을 클라우드 서비스와 같은 구독을 이용하면 쉽게 해결할 수 있다. 필요한 만큼만 시스템을 나눠 이용해 볼 수 있기 때문이다. 대학 수능시험 결과를 확인하기 위해 한시적으로 운영하는 시스템이나, 명절 귀성 티켓을 구매하기 위한 티켓 예매 시스템과 같이 일시적으로 트래픽이 폭발하는 경우를 대비하여 통상적으로 무거운 시스템을 가져갈 필요는 없다.

이처럼 유연한 비용 모형 덕분에 여러 새로운 기능을 자유롭게 테스트해 볼 수 있고 기존 기능의 변화와 개선을 위한 시도에도 부담이 없다. 넷플릭스는 클라우드 구독 서비스를 이용하면서 경제적인 면에서는 시스템 자동화를 통한 비용 절감뿐만 아니라 운영 인력도 효율화되었다. 전통적인 데이터센터 기반에서는 기간계 시스템이 낡은 경우가 많다. 운영, 업그레이드에 따른 비용과 더불어 이를 운영하는 인력에 대한 비용도 만만치가 않다. 그러나 구독 서비스를 통해 항상 최신 시스템을 유지할 수 있게 되고 기반 시스템 운영에 대한 최소 인력으로 시스템 운영이 가능해졌다. 최근 시스템은 인프라와 서비스의 구분이 없이 결합되기 때문에 많은 개발자와 더불어 실력 있는 개발자가 필요한데, 문제는 인프라 관리 자동화를 위한 개발자나 해당 영역에 대해 잘 알고 있는 인력을 구하기가 어렵다는 점이다. 클라우드 서비스를 이용하게 되면 이러한 고민도 해결된다. 사업자는 서비스 콘텐츠에 경쟁력을 집중하고 시스템 운영과 관련된 사항은 클라우드 시스템의 운영 담당자가 지원을 하기 때문이다. 넷플릭스도 마찬가지다. 본인들이 잘하는 분야에 집중을 하고 시스템은 아마존의 클라우드 서비스를 이용하는 것으로 해결한다. 결국 넷플릭스는 서비스의 지속성과 경제성을 위해서 클라우드 구독 서비스를 선택한 것이고 전통적인 데이터센터를 보유하기 보다 시스템 구독 서비스를 활용함으로 서비스 경쟁력을 갖추게 된 것이다.

02   인센티브를 통한 차별화

잘못하면 벌점을 받고 모범적인 행동을 하면 상을 받는 상벌제는 익숙한 제도다. 수업 시간에 떠드는 학생은 벌을 받고 솔선수범한 학생은 상을 받는다. 비단 학교뿐만이 아니다. 일반 사회에서도 정의로운 일을 하면 모범 시민상이 주어지기도 하고 주정차 단속 구간인지 모르고 위반을 했다가 위반 딱지를 떼이기도 한다. 이처럼 상벌제는 사회를 바르게 구성해 가기 위한 기본 질서이다. 구독 모델에서도 서비스가 의도하는 방향으로 이용자를 유도하기 위해서 상벌제를 활용하고 있다. 이용자에게 인센티브를 모티브로 제공하여 구독 모델의 선순환 구조를 만드는 것이다. 참여자에 대한 보상과 벌을 구분하는 것처럼 이용자의 행동에 따른 혜택과 사용 제한을 둔다. 예를 들어, 유익한 게시물을 업로드하거나 필요 정보를 상세하게 입력하였을 때 인센티브를 부여하여 서비스 이용자의 긍정적인 활동을 유지하게 한다. 반면 비방 글을 업로드하거나 아이디를 공유하여 서비스의 혼란을 야기하는 경우는 IP 추적을 통해 경고를 주는 방법이 있다. 구독 모델이 커머스인 경우, 빈번하게 이용 취소를 하는 블랙 컨슈머는 일정 기간 사용 제한을 두거나 이용자의 이용 기회를 사라지게 하여 서비스의 질을 높일 수 있다.

그러나 아무리 훌륭한 첨단 기술을 기반으로 한 서비스를 실현하더라도 참여자에게 맞지 않거나 참여자의 긍정적인 행동을 유도할 수 없다면 서비스는 제대로 작동할 수 없고 결국, 지속적인 성장은 어려워진다. 따라서 참여자를 파악하고 그 참여자들의 니즈를 고려하여 구독 서비스 모델을 구축하는 것이 기본이며 이때, 인센티브를 기반으로 한 설계가 중요한 차별화 전략이 된다. 구독 모델의 성패는 참여자가 얼마나 서비스를 이용하는지에 달려 있다고 할 수 있으며 참여 정도로 구분한다. 빈번하게 활동하는지 또는, 그렇지 않은지 구분하고 긍정적인 활동과 부정적인 활동으로 나눈다. 인센티브는 상시적인지 한시적인지 고민하고 가장 원하는 인센티브가 무엇인지 파악한다. 무료 회원 초대권, 한 달 기간 연장권, 더블 포인트 적립권, 할인권 등 혜택은 다양하게 고민할 수 있다. 반대로 제한 사항에 대해서도 함께 고민해야 한다.

콘텐츠를 서비스할 때 주기적으로 콘텐츠를 생산하고 업데이트 하는 것만큼 중요한 것이 콘텐츠를 선별할 수 있도록 하는 이용자의 지속적인 추천 활동이다. 추천을 많이 받은 콘텐츠는 그에 비례하여 많은 인센티브를 받을 수 있으며, 좋은 콘텐츠를 알린 이용자 역시 다른 이용자의 추천에 따라 인센티브를 받을 수 있도록 한다. 다른 이용자들에게 인정받는 좋은 콘텐츠를 일찍 추천하는 것도 인센티브를 받는 방법 중 하나일 수 있다. 인센티브를 구독 서비스에 접목하여 서비스 한다면 반복적인 콘텐츠 이용뿐만 아니라 서비스 전도자로서 서비스에 기여할 수 있게 만들 수 있다. 기여자의 확대를 통해서 구독 서비스를 더 긍정적인 서비스로 만든다. 트위터는 최근 구독 서비스인 '슈퍼 팔로우' 서비스를 도입했다. 슈퍼 팔로우는 트위터 안에서 글을 쓰는 창작자에게 인센티브를 제공하여 동기 부여를 하고 자신의 콘텐츠에 대해 보수를 받을 기회를 제공하는 서비스다. 구독자가 가장 가치 있다고 평가하는 콘텐츠에 직접 자금을 투자할 수 있도록 하고 지원 모델이 창작자와 이용자의 이해 관계를 일치시키는 지속 가능한 인센티브 모델로 발전시키려고 한다. 이를 통해 트위터는 인터넷상에 많은 팔로워를 거느린 인플루언서를 확보하여 시너지를 얻고자 한다. 이것은 이용자들끼리 서로 후원하는 방안을 제공하는 다른 소셜미디어 업체들의 흐름에 합류하는 것이기도 하다. 세계 최대 동영상 공유 사이트 유튜브나 아마존의 라이브 스트리밍 서비스 트위치 등이 티셔츠나 머그잔 등의 기념품을 구매하여 좋아하는 콘텐츠 창작자를 후원할 수 있도록 하고 있는 것과 유사하다. 트위터는 '후원하기' 기능을 통해 블록체인 기반의 암호화폐인 비트코인을 이용한 후원도 가능하도록 하였다. 트위터의 후원하기는 이용자가 크리에이터, 기자, 전문가, 비영리 단체 등에 후원금을 보낼 수 있는 기능으로써 만약, 내가 후원금을 받고자 한다면 후원금을 받을 결제 서비스를 등록해 두기만 하면 된다. 후원 금액에 따른 제한은 없고 각 결제 회사의 서비스 약관에 따라 보낼 수 있는 금액의 차이가 있을 뿐이다. 트위터는 이때 중간에서 별도의 수수료를 받지는 않고 투명하게 중개 서비스만을 제공한다. 인센티브를 활성화하여 양질의 콘텐츠를 생산해 내는 것이 주된 목적이기 때문이다. 비트코인을 활용하면 국경을 넘어서 후원금을 받을 수도 있는데 예를 들어, 미국과 엘살바도르 간의 트위터 이용자라면 결제 시스템을 통해 후원금을 주고받을 수 있다. 크리에이터는 후원금을 최대한 확보할 수 있어 좋고 트위터는 양질의 콘텐츠를 지속적으로 생산하는 밑거름을 갖추게 된다.

인센티브를 고민하는 구독 서비스 모델에 애플도 동참하는 모양새다. 최근 유료 애플 팟캐스트 구독 서비스를 출시하고 매달 일정액의 구독료를 크리에이터에게 지불할 수 있도록 했다. 팟캐스트는 크리에이터나 기업이 하고 싶은 이야기와 음악을 온라인에 올리는 음성 콘텐츠이다. 애플은 2005년부터 아이튠즈를 통해 팟캐스트 서비스를 시작한 지 16년 만에 유료 구독 서비스로 전환했다. 애플이 팟캐스트 구독 서비스를 내놓은 이유는 스포티파이에 뺏긴 크리에이터를 다시 되찾고자 하는 목적 때문이다. 세계 최대 음원 스트리밍 업체 스포티파이는 2019년부터 유료 구독 서비스를 도입해 팟캐스트 시장에서 급격히 성장하는 계기를 만들었다. 유명 팟캐스트 창작자들은 구독료로 수익을 올릴 수 있는 스포티파이로 몰리게 되었고 이용자들은 양질의 콘텐츠가 넘치는 스포티파이로 집중하게 되었다. 이렇듯 인센티브 정책은 콘텐츠의 질을 높이고 다양한 콘텐츠를 생산하는 기반을 만든다. 구독 서비스에서 인센티브는 꼭 고려해야 할 필요 요소가 되어 가고 있다.

03 서비스 모델은 수익 모델이 아니다

    구독 서비스 모델을 구상할 때 기본적으로 수익 모델을 먼저 떠올리게 된다. 어떤 상품 또는 서비스를 제공提供하고 어느 정도의 수익을 목표로 하는지를 고민한다. 이때 간과해서는 안 되는 것이 제공하고자 하는 서비스 모델과 수익을 얻고자 하는 수익 모델을 분명 구분해서 생각해야 한다는 것이다. 이를 혼동하지 않고 구분할 수 있어야 사람들이 관심 갖는 서비스 모델과 이를 통해 얻을 수 있는 수익 모델을 정확하게 파악할 수 있다.

    구글은 검색이 정확하고 편리하기 때문에 전 세계에서 가장 많이 사용되는 서비스다. 구글 사이트에 접속하여 원하는 검색어를 입력하고 다양한 데이터를 찾는다. 한글뿐만 아니라, 영어, 일본어, 중국어 등으로도 검색할 수 있고 실시간 사이트 번역도 제공한다. 하지만 구글을 이용하여 검색할 때 우리는 별도의 비용을 내지 않는다. 이것은 검색 서비스를 팔지 않는다는 얘기이며 검색 서비스는 이용자를 위한 서비스 모델일 뿐이다. 그렇다면 구글의 수익 모델은 무엇일까? 구글의 수익 모델은 바로 광고다. 구글은 검색 회사이기도 하지만 광고를 판매하는 회사이기도 하다. 일반적으로 비즈니스 모델은 기업이 어떻게 가치를 창출하고 전달하여 이익을 회수할지에 대한 것으로 예를 들어, 생수 회사는 생수를 팔아서 수익을 내는 것처럼 서비스 모델과 이익을 내는 수익 모델이 일치한다. 하지만 구글의 사례처럼 만약, 생수를 무료로 제공하고 생수 병에 광고를 붙여서 수익을 내는, 기존과는 다른 수익 모델을 생각한다면 판매 모델과 수익 구조에 대한 고민은 달라져야 한다. 실제로 호주의 한 스타트업이 이와 같은 무료 생수 사업을 시도하고 있다. 생수를 무료로 나눠주고 많은 사람이 다시 생수를 찾게 하는 마케팅에 대한 고민을 한다. 생수가 많이 배포되고 많은 지역에서 마케팅이 이루어져야만 광고를 통한 수익을 확보할 수 있다. 광고는 어떤 형식으로 생수 병에 부착하고 크기는 어느 정도로 할지 등 기존 판매하는 방식과는 다른 모델을 고심하게 된다. 전통적 비즈니스 관점에서 본다면 이러한 현상은 매우 예외적이다. 물건은 판매의 대상이자 수익의 대상이지 무료로 나눠주는 증정이 아니기 때문이다. 그러나 기존의 비즈니스 방식에만 갇혀 있게 되면 새로운 모델에 대한 시도가 한계로 다가올 수밖에 없다.

▶ 구글의 주요 서비스_출처 구글 홈페이지

구독 서비스를 고민할 때도 전통적인 방식에서 벗어나 서비스 모델과 수익 모델에 대한 새로운 정의와 고민이 필요하다. 일정 기간 수익을 포기하고 먼저 시장을 선점한 이후에 트래픽을 기반으로 수익 모델을 접목하는 것처럼 말이다. 초기 카카오톡의 모델을 보면 아무런 수익 모델이 없는 그저 무료 메신저였다. 하나둘 카카오톡을 생활 메신저로 사용하기 시작하면서 사용자 수는 급격하게 늘어났고 사람들의 사용 빈도가 높아지면서 지금은 유료게임, 선물하기, 커머스 중개, 차량 호출, 길 안내 서비스 등 많은 부가 사업이 수익 모델이 되었다.

서비스 모델은 이용자에게 어떤 가치를 창출하고 어떻게 전달할 것인지에 대한 고민인 반면 수익 모델은 비용을 누구에게서, 서비스의 어떤 부분을 얼마에, 어떤 방법으로 받을 것인가에 대한 전략이다. 수익 모델을 만들기 위해서는 구체적으로 다음과 같은 고민이 필요하다. 우선 누가 비용을 낼 가능성이 제일 높은지, 누구에게서 비용을 받는 것이 비즈니스를 가장 잘 성장시킬 것인지에 관한 고민이다. 구글의 경우 기존의 대형 광고주가 아닌 중소 규모의 광고주로부터 비용을 받는 것부터 시작했다.

가치가 있는 모든 것은 판매 대상이 될 수 있다. 하지만 가치가 있다고 모든 이용자가 비용을 지불하지는 않는다. 구글 검색이 가치는 있지만 이용자로부터 비용을 받는 것은 불가능하기 때문이다. 검색하는데 비용을 내야 한다면 꼭 필요한 내용만 검색하거나 검색하는 사람이 줄어들어 접속자 수가 현저히 떨어지게 될 것이다. 그럼 수익 모델도 자연스럽게 사라지게 된다. 비용을 낼 사람이 누구인지를 찾고 그들이 원하는 부분을 알아야 한다. 엄밀하게 말하자면 구글은 광고를 판매한다고 하기보다 광고주가 관심 있는 키워드를 판매한다고 할 수 있다. 인터넷에서 광고할 공간은 넘쳐나지만 광고주가 관심을 가진 키워드를 입력하는 광고는 희소하기 때문이다. 구글은 광고 키워드를 건별로 경매를 통해 가격을 정하는데, 비용에 여유가 없는 중소기업 광고주는 고비용의 키워드보다 유사한 키워드를 구매하게 된다. 구글 입장에서는 유사 검색어까지도 판매할 수 있는 효과가 생긴다. 에어컨이 키워드가 될 수도 있지만 '저렴한 에어컨', '효율이 높은 에어컨', '설치가 간단한 에어컨' 등 형용사를 포함한 문구를 판매할 수도 있다. 수익을 극대화하는 방법이다. 과거에는 생산원가에 마진을 붙여서 판매가를 정하는 방식으로, 가격을 정하는 것이 간단했다. 하지만 상품이 실물 형태에서 무형의 디지털 콘텐츠까지 다양하게 변화하면서 비용을 받는 방법도 천차만별이 되었다. 대면 판매에서 비대면 판매로 변화하고 있고 오프라인에서 온라인으로 변화하며 이제는 온라인과 오프라인의 통합 판매 형식인 옴니채널이 등장하고 있다. 법정화폐에서 신용카드, 모바일 결제, 암호화폐까지 수단도 다양하고 월정액, 종량제, 정량제 등 방식도 다양하다.

콘텐츠를 무료로 제공하여 이용자들을 모으고 트래픽을 늘리는 인터넷 기반 사업을 플랫폼 비즈니스라고 얘기한다. 콘텐츠가 이슈화되면 이용자 수는 더 늘어나게 된다. 페이스북, 유튜브, 인스타그램 등이 사례이다. 내가 콘텐츠를 업로드 하고 나면 지인들이 '좋아요'를 누르기 위해 플랫폼에 접속한다. 콘텐츠를 확인하기 위해, 댓글을 달기 위해서도 접속한다. 이렇게 이용자가 모여들게 되면 플랫폼 비즈니스의 기반을 갖추게 된다. 서비스 모델이 되는 것이다. 이때 수익 모델은 또 다른 고민이 필요하다. 한 번 무료로 제공된 서비스에 익숙하게 되면 이용자는 유료화에 거부감이 강하게 생길 수 있어 잘못하면 이용자의 이탈로 이어질 가능성이 높기 때문이다. 따라서 페이스북, 인스타그램은 이용자와 수익 모델을 연결하지 않고 B2B 모델을 선택했다. 즉, 이용자는 무료로 이용을 하고 구글과 같이 수익은 기업에게 받는 방식이다. 유튜브의 경우는 월 이용료라는 과금 방식을 이용자에게 받는다. 기업 광고로 수익을 내기도 하지만 광고를 보지 않겠다는 사람에게는 월 이용료를 받고 대신 기업 광고를 없애는 방식이다.

구독 서비스를 검토할 때 비즈니스 모델과 수익 모델에 대한 고민이 필요한 이유다. 분리하여 생각할 수도 있겠지만, 경우에 따라서는 일원화할 수도 있다. 어떤 선택이 가장 최선일지 고민이 필요하다. 모든 고민의 출발점과 끝은 항상 이용자의 입장이어야 한다는 것만은 분명하다. 이용자가 없는 모델은 아무런 의미가 없다. 서비스 초기부터 반드시 수익 모델이 있어야 한다는 것은 아니다. 서비스의 성장과 함께 지속적으로 고민과 실험을 해야 한다. 구독 서비스를 효과적으로 적용하기 위해서는 판매형 모델, 거래 수수료형 모델, 광고형 모델, 제휴형 모델 등 여러 포트폴리오 밑그림을 그리고 패러다임의 변화에 맞춘 서비스 모델이 필요하다.

04 승자 독식 구조 만들기

'스트라이프Stripe'는 최근 혁신기업 가치 1위를 기록했다. 스트라이프는 온라인 판매자를 위한 결제 시스템을 API로 제공하는 플랫폼 기업이다. 이 회사가 API로 매개하는 대상은 바로 결제다. 온라인 판매자가 개별적으로 결제 시스템을 구축하는 것은 어려운 일인데, 소프트웨어 개발자가 아니고는 판매자가 코딩부터 서버 프로그램 설계까지 하는 것은 사실상 불가능하기 때문이다. APIApplication Programming Interface는 응용 프로그램에서 사용할 수 있도록, 운영체제나 프로그래밍 언어가 제공하는 기능을 제어할 수 있도록 하는 인터페이스를 뜻하는데 스트라이프는 이런 결제 API 솔루션으로 결제 시스템을 간편하게 구축할 수 있도록 했다. 단 몇 줄에 해당하는 소스를 복사하여 각자가 운영하고 있는 홈페이지에 붙여 넣기하면 스트라이프의 결제 시스템을 간편하게 가져다 쓸 수 있다.

온라인 결제 플랫폼계의 최강자인 '페이팔PayPal' 결제 시스템의 경우 결제 시스템을 가져다 사용하기 위해서는 최대 아홉 단계의 과정을 밟아야 한다. 하지만 스트라이프는 이 과정을 세 단계로 압축했다. 스트라이프 홈페이지에서 회원가입을 한 후 API 소스 코드를 복사해 판매자 홈페이지 소스에 붙여 넣으면 결제 시스템이 자동으로 적용된다. 결제 프로그램을 개발하거나 프로그램을 별도로 짤 필요가 전혀 없다. 또한 스트라이프는 이용자에게도 편리한 결제 인터페이스를 제공한다. 페이팔에서 결제하는 경우는 팝업 페이지 창을 열어 결제해야 하는 불편함이 있지만 스트라이프는 동일한 결제 페이지 안에서 모든 결제를 마무리할 수 있다. 너무나 편리한 방식이다. 이 기업 가치는 약 40조로, 세계 최대 비상장 기업으로 평가받는다. 단순함과 편리함으로 사용자들에게 절대적인 지지를 받는 독점적 서비스로 자리 잡았다.

'쿠팡'은 미국 뉴욕증권거래소 상장을 하고 인정받은 기업 가치가 대략 50조 원이다. 뉴욕증권거래소에서 인정받은 기업 가치 즉, 밸류에이션 Valuation의 핵심은 충성 이용자다. 충성 이용자는 계속 늘어나고 있으며 증가한 충성 이용자는 지속적으로 구매 단가를 높이고 있다고 평가받고 있다. 예년 기준 고객 구매 단가는 약 4배 성장했다. 기업 평가에 있어서 핵심 가치는 충성 이용자이며 구독 서비스의 핵심 가치와 일치한다. 충성 이용자 증가에 따라 매출이 동반 상승하는 것은 당연하지만, 쿠팡은 적자 기업이었다. 그럼에도 불구하고 기업 가치를 인정받은 것이다. 적자 구조인 이유는 이용자 증가에 따라 시스템 인프라 투자가 비례해서 늘어났기 때문이다. 로켓배송을 위한 인프라 구축, 회원 증가에 따른 시스템 업그레이드 등 사업 확대에 따른 투자다. 적자 기업임에도 기업 가치 밸류에이션을 인정받은 것은 꾸준하게 증가하는 회원 수와 고객 구매 단가의 증가를 핵심 가치로 평가했기 때문이다. 미래 기업 가치에서 차지하는 비중이 그만큼 높다는 반증이기도 하다. 이러한 기업 가치 밸류에이션을 제대로 평가받을 수 있는 모델이 바로 구독 서비스다. 기업이 구독 모델을 외치는 이유는 구독을 통해 충성 고객을 확보할 수 있고 이를 통해 안정적인 현금 흐름이 가능하기 때문이다. 최근에는 기업과 이용자 간의 거래를 넘어서 기업 간 거래 영역으로 구독 모델이 확대되면서 그 영향력이 더욱 커지고 있다. 대표적인 영역이 바로 서비스형 소프트웨어SaaS 시장이다. 우리에게 친숙한 Microsoft, Adobe 등 글로벌 소프트웨어 기업들은 매달 정액제로 소프트웨어 사용 대가를 지불하는 구독 서비스로 전환했는데 비단 글로벌 소프트웨어 업체뿐만 아니라 국내의 소프트웨어 업체도 마찬가지다. 그 이유는 구독 서비스로 전환하면 이전과는 비교할 수 없는 규모의 경제 효과와 비용 절감을 이뤄낼 수 있기 때문이다. 이전에는 소프트웨어 업체가 개별 이용자에게 맞춤형 소프트웨어를 제공했지만 구독 서비스로 전환하면 하나의 소프트웨어로 다양한 사용자가 이용 가능하게 된다. 이런 변화는 클라우드 기술의 발전으로, 소프트웨어 회사가 언제든 이용자의 니즈를 반영해 지속적인 업데이트가 가능해졌기 때문이다. 처음에는 클라우드 서비스형에 관심이 없던 이용자들도 해당 서비스를 사용할 수 있는 방법이 구독 서비스밖에 없고 지속적으로 업데이트가 된다는 장점에 이끌려 충성 이용자가 되어 간다.

이용자가 서비스에 머무는 시간이 길어지면 그에 대해 지불하는 비용도 늘어나는데 규모의 경제를 달성한 기업은 서비스 업데이트만으로도 매년 일정 규모의 매출을 늘릴 수 있게 된다. 구독 모델은 이익 구조가 매출, 원가 및 비용으로 이뤄진 제조업과는 다른 사업 구조로, 밸류에이션 기법도 다르게 적용되는데 구독 서비스에서 가장 널리 알려진 밸류에이션 기법은 월간반복매출 MRRMonthly Recurring Revenue과 연간반복매출 ARRAnnual Recurring Revenue을 활용하는 방식이다. MRR을 쉽게 설명하면 요금제를 지불하는 이용자에 인당 단가를 곱해서 추산하는 방식이다. 여기에 12개월을

곱하면 연간 ARR을 구할 수 있으며, 이렇게 계산된 ARR에 기존 이용자 매출증가율Net dollar retention rate을 감안해 기업 가치를 산출한다. 예를 들어 업무용 협업 소프트웨어를 제공하는 기업의 이용자 매출증가율이 120%, 올해 10억의 매출을 올렸다면 다음해에는 별다른 영업 비용의 투입 없이도 최소한 12억의 매출이 가능하다는 얘기다. 쿠팡처럼 기업 가치에 반영된다면 밸류에이션은 큰 폭의 평가가 이루어진다. 그 때문에 기업들은 회사의 중요 지표로써 기존 이용자 매출증가율을 공개한다. 그러나 규모의 경제를 달성하지 못하게 되면 기업 가치 평가의 밸류에이션은 오히려 독이 될 수 있다. 서비스 구축을 위한 초기 비용이 만만치 않고 이용자의 증가 추이도 중요하지만 이용자의 서비스 이탈율이 증가하기라도 한다면 매출 감소와 더불어 기업 가치는 낮은 평가를 받을 수밖에 없기 때문이다.

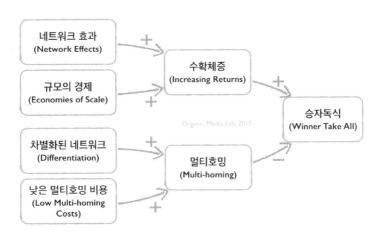

▶ 승자 독식 구조_출처 Organic Media Lab

구독 서비스는 양날의 칼이다. 특정 플랫폼에 이용자가 많으면 많을수록 다른 사람들도 같은 플랫폼에 몰리는 현상이 나타난다. 음식 배달 애플리케이션의 경우, 어떤 이유로 특정 음식 배달 앱 사용자가 늘면 음식점은 그 앱의 가맹점이 되려고 할 것이다. 이렇게 앱에서 배달시킬 수 있는 음식점 수가 늘면 이번엔 반대로 그 앱을 유용하다고 느낀 이용자가 몰려 가입자가 증가한다. 한 이용자 집단이 커지면 다른 집단도 커지고 다시 원래 집단이 커지는 선순환이 발생한다. 그러나 선순환에 들어간 플랫폼으로 이용자가 쏠린다는 것은 다른 경쟁 플랫폼으로는 흘러갈 이용자가 없다는 말이기도 하다. 결국, 먼저 선순환 구조를 만든 플랫폼이 시장을 장악하고 나머지 플랫폼은 퇴출되는 수순을 밟는다. 승자 독식 구조를 만들게 되는 것이다. 구독 서비스는 이런 독과점 구조가 형성되기 쉽다. 구독 서비스를 통해 시장의 중심에 서고 싶다면 서비스를 통해 일정 이상의 규모를 만들고 단골 이용자를 확보하여 고정적인 수익을 낼 수 있어야 한다. 그렇게 되면 이용자 수의 증가와 충성 고객의 구매 단가 상승으로 안정적인 사업을 이어가면서 기업 가치 평가를 통해 미래 가치까지 인정받게 되면서 모든 것을 흡입하는 거대한 플랫폼 기업으로 성장할 수 있다.

05 필요할 때 필요한 만큼
온디맨드 서비스

　　스마트폰 터치만으로 택시를 호출하고 원하는 음식을 배달시키는 모습은 더 이상 신기한 풍경이 아니다. 그만큼 인터넷 기반의 다양한 서비스는 우리 생활의 많은 영역을 변화시키고 있고 현재도 여러 분야에서 새로운 서비스가 만들어지고 있다. 이처럼 내가 원하는 시간에 원하는 것을 얻을 수 있도록 하는 플랫폼을 온디맨드 서비스라고 한다. 온디맨드 자체는 경제학적 의미로, 공급자 중심이 아닌 수요에 따라 제품이나 서비스가 제공되는 것을 말한다.

　　온디맨드On-Demand 개념의 핵심은 수요자 중심이라는 것이다. 내가 원할 때 이용할 수 있어야 하고 철저하게 개인화된 니즈에 맞춰 즉각적으로 반응하는 수요 중심 시스템, 서비스이다. 결국 공급이 아닌 수요가 모든 것을 결정한다는 의미다. 어렵게 들릴 수도 있으나, VOD 주문형 비디오를 생각하면 한결 쉽다. VOD 서비스 이용자는 공급자인 방송사가 제공하는 편성 시간표에 따르는 것이 아니라 개인이 필요로 하는 프로그램을 원하는 시간에 볼 수 있다. 본방 사수할 필요 없이 내 시간에 맞추면 된다. 영화 등 여타 영상도 마찬가지다. 내가 원하는 때, 내가 필요로 하는 서비스나 재화를 공급받는 방식이 온디맨드다. 구독 서비스가 단골 확보에 중점을 둔다면 온디맨드 서비스는 이것을 지속 가능하게 하는 역할을 한다. 이용자가 원하는 것을 부담 없는 가격에 제공하는 것이 구독이라면 필요할 때 즉시 제공하는 형태가 온디맨드인 것이다.

▶ 온디맨드 플랫폼_출처 카카오

　배경을 먼저 이해해 보자면, 4차 산업혁명 이전까지 경제는 생산을 기반으로 하는 공급 중심 사회였다. 공급 중심 사회에서 공급이 초과되는 공급 과잉 문제가 생겨나게 되었고 이를 해결하는 과정에서 온디맨드 서비스가 기술 발전과 접목되어 대안으로 떠올랐으며 최근 발전한 ICT 기술에 의해 실현 가능하게 되었다. 온디맨드 서비스는 적정한 공급으로 비용의 감소를 가져오며 수요에 기반한 효율적 생산을 가능하게 하여 우리 사회를 바꿀 수 있는 모멘텀Momentum으로 떠올랐다. 실물뿐만 아니라 청소, 심부름, 교육, 의료, 금융, 여행 등 서비스 영역까지 확장이 가능하다. 이외에도 장보기 대행, 민원서류 대행, 가사일 대행, 선물 배달, 홈케어 서비스 등 범위는 무궁무진하다. 이용자는 해당 모바일 앱을 통해 간단하게 주문을 하면 서비스를 제공받을 수 있다. 명함 관리 앱 '리멤버'는 이용자가 명함을 카메라로 촬영하면 수기 입력 대행 서비스를 제공한다. 명함이 많아서 촬영이 번거로울 경우 택배로 발송하면 리멤버 측에서 명함을 직접 입력해 주기도 한다. 회원 간 명함 정보를 자동으로 업데이트 해주는 것도 특징이다. 자신에게 잘 맞는 금융 상품을 선택하는 과정을 도와주는 서비스도 있다. 예를 들어 사용자가 10여 가지 문항에 응답하면, 시중 은행의 금융 상품 중에서 개인에게 가장 잘 맞는 상품을 즉시 추천해 준다. 빅데이터와 매칭 알고리즘을 기반으로 사용자의 과거와 현재, 미래의 상황을 고려해 최적의 금융 상품을 찾아주는 것이다. 이외에도 세탁물을 수거 및 배달하는 서비스, 청소를 원하는 시기에 제공하는 서비스도 있다. 이러한 온디맨드 서비스는 기존의 큐레이션 개념을 적용한 것인데 기업이 그간 모은 빅데이터를 활용해 사용자 개개인에게 좀 더 맞춤화된 서비스를 제공하며 차별화한다. 패션 업체 버버리는 이용자가 직접 자신의 옷을 디자인할 수 있도록 비스포크 맞춤형 서비스를 제공한다. 이처럼 구독 모델이 접목된다면 훨씬 강력한 서비스가 될 수 있다.

　　가끔 온디맨드와 공유 경제 개념이 혼용되곤 하는데 양쪽 모두 플랫폼 사업 형태로 구현되는 경우가 많기 때문이다. 플랫폼 사업자는 자신들이 직접 재화나 서비스를 제공하지 않고 단지 수요자와 공급자를 연결시켜 준다. 재고가 쌓일 일이 없고 수요자와 공급자를 얼마나 빨리 효율적으로 연결하느냐가 경쟁력의 관건이다. 다만 공유 경제라는 개념에 조금 더 엄격한 잣대를 들이댄다면 잉여 자원을 활용해야 한다는 전제 조건이 붙는다. 자신이 소유한 재산 중 남는 자원을 나눠 쓰는 협력 소비가 공유 경제의 핵심이라 할 수 있다. 이 때문에 대표적 공유 경제 모델로 꼽히는 차량 예약 서비스인 '우버Uber'나 숙박 공유 서비스인 '에어비앤비Airbnb'는 온디맨드 사업일 뿐 공유 경제 모델이 아니라고 말하기도 한다. 에어비앤비는 본인 소유의 사용하지 않는 빈 방을 내놓는 게 아니라 오피스텔을 대량으로 임대해 빈 방으로 제공하는 형태로 변질되고 있기 때문이다. 우버는 단지 자원만 나눠 쓰는 게 아니라 공급자의 노동이 제공된다는 점에서 공유 경제로 보기 어렵기도 하다. 공유 경제와 온디맨드 차이를 구분하는 것이 중요하지는 않을 수도 있으나, 적어도 그 중심의 개념을 이해할 수 있어야 차별화된 서비스의 개발과 적용이 가능할 것이다. 더욱이 온라인과 오프라인을 이어주는 O2O Online to Offline 환경이 무르익어 가고 마케팅 차원에서는 빅데이터 분석을 통해 이용자가 말하지 않아도 알아서 필요한 서비스를 제공하는 방안이 계속 발전 중인 시대이기 때문이다.

빅데이터를 활용한 맞춤형 정보 제공은 온디맨드 서비스에 중요 요소다. 월정액으로 일정 금액을 지불한 이용자에게는 정기적으로 주요 지역의 가맹점 할인 쿠폰을 제공하거나 현재 그 지역의 위치 기반 서비스를 통해 실제로 있는 곳과 가맹점 사이를 연결하여 쿠폰을 발행하고 가맹점은 이용자를 유치할 수 있도록 한다. 이용자의 행동 패턴을 예측해 미리 서비스를 이용하도록 유도하는 방식으로 구독 서비스를 제공할 수 있다. 핵심 이용자에게 보다 정확히 메시지를 전달하는 것은 빅데이터를 기반으로 한 온디맨드의 장점이지만 이를 서비스와 연결할 때 구독 서비스 모델을 활용하면 시너지를 낼 수 있다.

▶ 온디맨드 대표 기업_출처 foundershield

　　온디맨드 서비스는 사용자의 실생활에 밀접하게 연결되어 있는 만큼, 다양한 분야에서 큰 영향을 끼치며 구독 모델과의 접목을 통해서 단골 이용자를 확보하고 지속적인 서비스 업그레이드로 접목 가능한 분야이다. 기업이 가진 자원과 프로세스를 표준화하고 디지털화하여 일괄적으로 관리 가능한 상태로 만들어 이용자의 니즈에 실시간으로 대응하고 나아가서는 온디맨드 서비스로 모델을 혁신할 수 있다. 온디맨드 서비스는 이용자의 문제가 무엇이고 그 문제를 해결하기 위해서는 어떤 서비스가 필요한지에 대한 질문에서 시작한다. 이용자 개개인을 하나의 시장으로 보고 이용자가 원하는 것을 희망하는 시간과 장소에서 제공 가능해야 한다. 기업 경쟁력은 앞으로 시장 점유율이 아니라 이용자 점유율이다. 이를 위해 기업은 개인에 집중하고 소비자가 제품을 소유하기보다는 활용할 수 있는 비즈니스 모델인 구독 서비스로 전환하는 것이 필요하다.

06 일하는 방식의 변화
Gig worker

        4차 산업혁명과 같이 변화가 빠른 시대에 기업들은 필요에 따라 알맞은 인력을 사용하고자 하고 노동자는 자신이 원할 때 원하는 만큼 일하고 싶어한다. 이것을 긱Gig이라 칭한다. 긱 워커란 앞서 얘기한 Gig에 노동자의 Worker를 합성한 단어이다. 1920년대 미국 재즈 공연장에서는 연주자를 그때그때 섭외하여 단기 계약을 맺어 공연했는데, 이러한 상황을 긱이라고 표현하였고 현재까지도 이 용어가 그대로 쓰이고 있다. 디지털 플랫폼 기반의 산업으로 사회가 빠르게 확산되면서 초 단기 노동을 제공하는 긱 워커가 점점 늘어나고 있는 추세다. 디지털 플랫폼을 통해 비정규직 형태의 일감을 받아 돈을 버는 독립형 즉, 단기 계약자라고 말할 수 있다. 우버, 리프트 등 차량 공유 서비스 운전자나 유통 및 각종 서비스 업체에서 일하는 1인 계약자들이다. 우리 주변에서 흔히 볼 수 있는 배달 라이더가 대표적이며 주로 정보기술 업계의 개발자나 디자이너 등 비정규직 근무자를 지칭할 때 사용되기도 하는데, 현재는 전 산업 현장으로 그 의미가 확대되고 있다. 인력 분야뿐만 아니라 자동차, 사무실, 주택, 음식 등 다양한 대상에서 각종 서비스를 수요에 맞춰 적재적소에 공급하는 대가로 중개수수료를 받는 서비스들도 시장에 등장하기 시작했으며, 앞서 언급한 온디맨드의 대표적인 디지털 플랫폼으로 성장하고 있다. 차량과 숙박, 배달, 청소 등 단순 노동 서비스는 기본이고 최근에는 변호사와 컨설팅 등 전문 인력이 참여하는 서비스로 진화 중이다. 필요한 기업과 노동자를 연결하는 플랫폼에 구독 모델을 접목하여 기업과 노동자를 연결하는 것이다.

서로 윈-윈 하는 방식 같지만 여기서는 풀어야 할 숙제가 있다. 노동자는 유연한 직업을 통해서 자유로운 시간을 보장받기 원하면서도 그에 따른 임금 하락은 원하지 않는다. 반면 기업은 정식 직원이 아닌 계약직으로 인해 일에 대한 책임감이 결여되어 서비스 질이 떨어지지 않을까 우려한다. 그렇다고 법적인 안전 장치를 마련하기에도 애매하다. 사람마다 일하는 방식과 노동 시간이 천차만별이다. 하나의 카테고리로 묶기엔 각각의 사정이 너무 다르다. 다른 업종 종사자는 당연하고 같은 업종에 종사하더라도 근무시간이나 근무 유형에 따라 상황이 제각각이다. 우버 기사만 보더라도 어떤 운전자는 용돈 정도만 벌기 위해 한 주에 5시간만 일하지만 다른 운전자는 생계를 걸고 풀타임에 버금가는 긴 시간을 일하기도 한다. 후자는 정규직에 가깝지만 지금의 법으로는 이 둘을 분리할 수가 없다. 프리랜서로 일하는 그래픽 디자이너나 개발자도 마찬가지다. 잠깐 동안 일하는 사람도 있지만 일부는 스스로 개인 사업가라고 생각하기도 한다. 한꺼번에 여러 회사와 단기 계약을 맺고 주 40시간을 꽉 채워 근무하는 경우도 있다. 다양한 근로 방식이 있기 때문에 이들 모두를 일률적인 규정으로 적용하기란 어렵다.

이러한 빈틈에 구독 서비스를 접목하는 방법을 고려하면 어떨까? 노동자에게는 일한 만큼의 대가를 지불하고 기업에게도 원하는 시간에 원하는 만큼의 노동력을 제공한다. 여기서 책임은 노동자가 아닌 구독 서비스 회사가 책임을 진다. 비용 청구 방식도 정액제 방식으로 설계 가능하다.

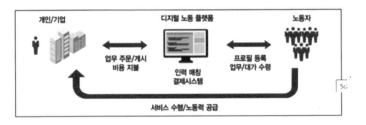

▶ 디지털 노동 플랫폼_출처 한국은행

　　관리적 측면에서는 인사조직을 유연하게 가져갈 수 있다는 장점과 더불어 인사, 노무 관리 등의 운용 효율성을 높일 수 있고 업무 이원화를 통해 끊김 없는 업무 연속성을 유지할 수 있다. 또한 경제적 측면에서는 인력 채용 비용의 절감과 각종 복리후생비 및 일반 관리비를 줄일 수 있으며 고정비를 변동비로 변환할 수 있다. 기능적 측면에서 본다면 인력의 신속한 배치, 외부의 전문 인력을 활용하여 보다 핵심 업무에 집중할 수 있어 서로가 긍정적인 모델이 될 수 있다. 일본의 경우, 기업과 긱 워커 노동자를 연결하는 플랫폼 수가 최근 1년새 급격히 증가하고 있으며, 20년도 긱 워커 등록자 수는 약 천만 명 수준으로 최근 2배 이상 증가하고 있다. 긱 워커 시장에도 구독 서비스 모델은 유용한 플랫폼이 되어 가고 있다. 특히 희망 퇴직이나 명예 퇴직으로 회사를 떠나는 사람들이 생겨나고 결혼, 출산 등으로 인하여 경력이 일시적으로 단절되는 여성이 늘어나면서 평생 직장의 개념이 사라졌다. 또한 코로나19의 영향으로 비대면이 대세가 되면서 직장의 정의 그리고 일에 대한 개념이 바뀌어 감에 따라 구독 서비스는 이러한 간극을 메우는 징검다리 역할을 할 수 있다. 최근 일을 위해 회사를 찾는 것이 아니라 내가 할 수 있는 일을 찾는 시대로 변화하면서 다양한 직업을 갖는 N잡은 점점 대세가 되어 가고 있다. 밥벌이 수단으로써가 아니라 자신의 욕구에 따라 직업을 늘려 가며 투잡, 쓰리잡 더 나아가 N잡을 목표로 한다. 낮에는 버젓한 직장 생활을 하지만 퇴근 후에는 유튜브, 네이버 등에서 크리에이터로 활동하기를 희망한다. 결국 노동 시장에서 수요와 공급은 그만큼의 차이로 나타나게 되며 잉여와 부족 그리고 정보의 비대칭성은 점점 심해질 수밖에 없다. 갈수록 더 복잡해지는 노동 시장에서 정보의 비대칭을 해결하고 잉여와 부족을 메우며 각자 원하는 조건을 충족시키는데 구독 서비스는 최적이다. 구인, 구직의 니즈를 연결하는 구독 서비스는 경쟁력 있는 차별화 모델이 된다.

4

구독 서비스가
넘어야 할 산

Intro 돌다리도 잘 두드리고 건너야 한다

코로나19 등 불투명한 경제 상황으로 소비 심리가 위축되고 SNS 등의 활용이 증가함에 따라 소유하기보다는 체험이나 경험에 가치를 부여하는 이용자가 많아지면서 소비 방식의 변화가 생겼다. 구독 경제는 이용자가 필요로 하는 물품이나 서비스를 필요한 순간에 적절하게 이용하도록 하는 거래 방식이다. 넷플릭스와 같은 디지털 콘텐츠 사업자뿐만 아니라 오프라인 사업자 역시 이용자에게 물품을 정기적으로 배송해주는 구독 방식의 서비스를 확대하고 있다. 그러나 이러한 변화에도 불구하고 구독 경제가 계속적 거래를 지향함에 따라 나타나는 위약금 발생 문제, 구독 서비스의 특성상 장기적 거래가 이루어질 가능성이 높음에도 사전에 선택 정보가 부족하거나 상대적으로 저렴한 비용에 현혹된 이용자가 합리적이지 못한 소비에 노출될 가능성도 있다. 영세한 사업자의 경우 사정에 따라 서비스의 내용 변경이나 이용 서비스의 축소, 제공 정지 등이 행해질 위험도 있으며 계약을 변경하게 되면 가격이 오르는 위험성도 존재한다. 게다가 끊임없이 비용을 지출하게끔 유도하는 경우 요컨대, 미용 구독 서비스는 서비스를 필요로 하지 않음에도 비용을 이미 지불했기 때문에 억지로 이용하게 되는 상황이 벌어지기도 한다. 쓴 만큼 내는 것이 아니라 낸 만큼 쓰게 되는 경우이다. 게다가 여러 서비스를 구독하다 보면 해지하는 것을 종종 잊게 되어 사용하지 않은 서비스에 대해 돈을 내는 다크넛지Dark nudge가 생겨난다. 기업 입장에서는 고객이 늘어남에 따라 관련 비용이 증가할 위험이 있고 가격 설정의 어려움도 존재한다. 일본 신사복 전문회사 '아오키AOKI'는 비즈니스 정장 구독 서비스를 시작했지만 시스템 구축 및 서비스 운영 비용이 늘어나면서 운영한 지 1년도 되지 않아 사업을 종료했다. 디지털 콘텐츠인 음악이나 동영상과 다르게 의류는 매장에 적정 재고를 항상 보유하고 있어야 하는데 결국 많은 양의 재고가 부담이 된 것이다. 또한 미국의 '무비패스'는 매월 9.95달러를 내면 영화관에 가서 매일 영화 1편씩을 볼 수 있는 서비스를 제공하였는데 시행한 지 1년도 되지 않아 파산하고 말았다. 유료회원 약 300만 명을 보유하며 승승장구하던 무비패스는 처음에 영화 한 편의 값으로 30편을 무료 관람할 수 있다는 가격 정책으로 회원을 모으는데 성공하였으나 점점 극장에 지불해야 하는 비용이 늘어나면서 이를 감당하지 못한 것이다. '어벤져스 인 피니트 워' 개봉 당시엔 무려 115만 장의 티켓 값을 지불해야만 했다.

재화나 서비스를 소비하는 방식이 변하고 추구하는 가치가 달라짐에 따라 이에 맞는 형태로 기존의 거래 방식이 바뀌고 있지만 정작 구독 서비스 이용에 따른 소비자 문제는 대부분 기존의 일반 거래 방식에 근거를 두고 있어 해결 방법 역시 명쾌하지 않은 경우가 많다. 구독 모델이 이용자에게 다양한 경험과 편의성을 제공하고 있지만 오히려 장기 계약 시 구독 시스템에 갇혀 해당 서비스에서 자유롭게 이탈하지 못하기도 한다. 때론 관련 법률이나 약관 등에 의해 소비자가 교환, 환불을 요구하지 못하는 경우도 발생한다. 제공 서비스의 수준이라는 것이 극히 주관적이기 때문에 객관적인 근거 제시도 어려울 뿐만 아니라 직접적인 피해를 입증하기도 쉽지 않다. 예를 들어 이용자가 유튜브의 유료 회원인 '유튜브 프리미엄' 1개월 무료 체험 광고를 보고 구독을 하였으나 이후, 유튜브 측에서 이미 기존에 동일 계정으로 혜택을 이용한 경험이 있기 때문에 무료 체험 대상에서 통보 없이 제외를 시키고 이용자는 제외된 사실을 모른 채 1개월 요금이 결제된 사례도 있다. 이용자는 유튜브 측에 환불을 요청하였으나 디지털 콘텐츠의 특성 등을 이유로 환불이 거부되기도 했다. 유형의 상품이 아니기 때문에 환불에 대한 기준이 모호한 경우이다.

음원, 동영상, 게임 등 온라인에서 즐기는 디지털 콘텐츠는 일단 구매하면 환불이 어렵다. 온라인 게임인 리니지M을 이용하다 실수로 아이템을 구매하게 되어 사용하지 않은 채 사이트 계정 내 보관함에 보관하고 있다가 환불을 요청하였으나 거부당한 경우도 있으며, 결제 후에 서버대기 시간이 길고 게임이 수 초씩 끊기는 랙Lag 현상이 심하여 게임을 정상적으로 즐기기 어렵다고 판단하고 구매한 아이템에 대해 환불을 요구하였으나 거절당한 일도 있다. 또한 아이템을 구매하고 컴퓨터 PC의 시스템을 업데이트한 후 접속해 보니 캐릭터가 사라져 있어 복구를 요청하였으나 개인 유저의 계정임을 이유로 복구를 해주지 않은 사례도 있다. 아직은 명확하게 구독에 대한 소비자 피해 보상 문제를 명문화하거나 제도화하지 못한 과도기로, 구독 서비스 이용에 따른 의도치 않은 피해를 겪을 수 있다. 이것은 비단 이용자의 문제로 한정되는 것이 아니라 제공자 입장에서도 염두에 두어야 하는 숙제라고 볼 수 있다.

01 유료회원제의 한계를 넘어야 한다

　　온라인 커머스 업계의 중위권 그룹인 위메프와 11번가는 기존에 운영하던 유료회원제를 종료하기로 했다. 위메프는 유료회원제 서비스 종료를 위해 신규 유료 가입을 중단하고 기존 회원은 일정 기간만 혜택을 유지하도록 했다. 위메프 특가클럽은 무료배송이 가능하고 전용 특가 상품을 구성하며 일부 제품은 2% 추가 포인트 적립이 가능한 혜택이었다. 미국 아마존이 유료회원제 아마존 프라임을 선보여 성공한 이후 국내 업계도 유사한 서비스를 만들어 제공하고자 하였으나, 이처럼 신규 회원 확보의 어려움과 회원 유지의 한계로 인해 서비스를 종료하는 사례가 늘고 있다. 11번가도 한 달에 9,900원을 내면 포인트를 추가 적립해주고 콘텐츠나 배달 앱 할인 쿠폰을 받을 수 있는 서비스인 올프라임을 종료하기로 했다. 표면적인 이유는 새로운 멤버십 서비스를 구상하고 보다 유용한 유료회원 서비스 출시를 위한 일시적 중단이라고 하지만 아마도 회원 확보의 한계와 기존 회원의 유지가 생각만큼 쉽지 않은 이유도 포함되어 있음을 짐작해 볼 수 있다.

멤버십 서비스 종료 안내

더 좋은 혜택을 제공해 드리기 위해 2021년 새로운 서비스로 돌아오겠습니다.

2020년 서비스 변경/종료

10월 31일	라이프/여행 할인쿠폰 종료
11월 01일	AllPRIME 신규가입, 정기결제 중단
11월 30일	AllPRIME 서비스 종료

▶ 올프라임 서비스 정지 안내_출처 SK텔레콤

　　이러한 흐름은 온라인 커머스 환경의 특징에서 이유를 찾을 수 있다. 온라인 마켓은 오프라인 매장과 달리 컴퓨터 PC 화면 또는 모바일을 통해 몇 번의 클릭만으로 여러 온라인 커머스 업체를 비교하기 쉽다. 동일 모델의 경우 어떤 사이트가 가장 저렴하게 제공하는지, 배송비는 얼마 이상 구매 시에 무료인지, 포인트 혜택은 각각 어떻게 되는지 한눈에 간편하게 비교할 수 있다. 그만큼 경쟁이 치열한 시장이다. 온라인 커머스는 간편하고 편리하며 언제든 이동이 자유로운 특징이 있는 반면, 이용자를 한곳에 붙잡아 두기가 쉽지 않다. 그 때문에 할인 쿠폰, 간편 배송, 무료 반품 등과 같은 혜택을 제공하며 머물도록 한다. 치열한 온라인 커머스 시장에서 신규회원을 확보하고 기존 고객을 유지하는 방법으로 유료회원제를 운영하지만 이용자가 지불한 비용보다 높은 메리트를 느끼지 못하면 무용지물이 된다. 제공되는 혜택 속에 이미 자신이 지불한 비용이 포함되어 있다는 인식이 강하기 때문이다. 따라서 더 많은 혜택을 제공하기 위해 마케팅 비용이 커질 수밖에 없다. 그러한 혜택으로 한곳에 머무는 고객도 생기겠지만, 투입된 마케팅 비용에 비해 자신이 원하는 것만을 취하고 떠나 버리는 체리피커만이 사이트에 몰려들 수도 있다. 이것을 보면 유료회원제가 갖고 있는 장점이 오히려 독이 될 수도 있는 경우를 가지고 온다는 것을 알 수 있다.

오프라인 매장은 방문의 이유와 목적성이 강하기 때문에 다른 매장으로 이동하지 않고 그 매장에서 상품을 고르고 구매한다. 온라인이 충동적 성향이 강하다면 오프라인은 목적성이 강하다고 할 수 있다. 가격 비교가 온라인만큼 쉽지 않기 때문에 보통은 상품의 품질을 우선시하는 경향이 높으며 직접 눈으로 보고 만져보며 상품을 선택한다. 온라인에서 제공하는 큐레이션 기능이 아닌 자신의 의사에 따라 결정한다. 따라서 멤버십 혜택에 대한 반응이 온라인만큼 강하지 않다. 또한 매장에서는 카트에 담은 상품을 다시 내려놓는 경우가 거의 없지만 온라인에서는 클릭 한 번으로 카트에 담은 상품을 언제든 수정, 삭제할 수 있으며 심지어 상품을 담아 놓고 최종적으로 구매를 미루거나 온라인 사이트를 나가는 경우도 빈번하다. 유료회원제가 이용자를 붙잡아 두는 역할을 할 것으로 기대하지만 무료 배송, 무료 반품, 포인트 혜택, 할인 쿠폰 제공 등 회원제 유지를 위한 비용이 만만치 않아 오히려 부담이 될 수 있다. 유료회원제의 비용은 이용자에게 제공되는 혜택에 비해 일정 이상의 규모의 경제를 만들지 못하면 기업에게 실질적인 이득이 되지 못한다. 어느 이용자라도 가입비보다 더 많은 혜택을 받길 원하기 때문이다. 또한 유료회원제는 초기 투자 비용이 높은데다, 가입자가 없으면 이 같은 혜택이 일부 이용자에게만 돌아가 다수의 이용자에게 혜택으로 와 닿지 않기 때문에 서비스 종료로 이어질 수 있다. 구독 서비스도 이러한 유료회원제 즉, 정액 방식으로 월 단위 비용 청구 방식이다 보니 유료회원제의 한계와 비슷한 고민을 할 수밖에 없다. 롯데쇼핑의 창고형 할인점 '빅마켓'

은 얼마 전 유료회원제를 폐지하고 오픈형 점포로 전환했다. 이마트 트레이더스와 홈플러스 스페셜 등과 같은 무료회원제 형태로 전환한 것이다. 결국 회원제는 유료와 무료를 떠나 이용자에게 얼마만큼의 신뢰와 이익을 가져다 줄 수 있는가 하는 것이 선결과제다. 이마트에 장을 보러 가는 이유는 그동안 쌓아 둔 포인트를 쓰려고 가는 것도 아니며 포인트를 많이 준다고 해서 가는 것도 아니다. 일정 부분 유인의 역할을 할 수는 있겠으나 근본적인 이유는 아니다. 이마트의 과일은 신선하며 달고 맛이 좋다는 신뢰가 밑바탕에 있기 때문이며 이마트에서 구매한 상품은 적어도 다른 마트에서 구매한 것보다 비싸지 않으며, 가격 면에서는 손해를 보지 않아 이득이라고 느끼기 때문일 것이다. 이러한 신뢰와 이익에 대한 기대감을 기반으로 고객과 관계를 맺을 수 있다면 온라인의 아마존 프라임과 오프라인의 코스트코처럼 유료회원제를 운영하고 있는 곳과도 경쟁이 가능할 것이다.

결국 회원제의 목적은 충성 고객을 확보하기 위한 고객 관리 관점인데 유료회원제처럼 매달 일정 금액을 받지 않으면서도 이용자의 부담을 덜어주며 고객 관리 관점에서 서로의 접점을 만들어 갈 수 있다. 이마트는 오프라인 매장에서 활용할 수 있는 무료 멤버십 제도인 '트레이더스 클럽'과 '피코크 클럽'을 운영 중인데 트레이더스가 내놓은 트레이더스 클럽은 회원을 위해 매주 전용 할인 상품을 선보이고 특정 상품을 별도로 할인하는 혜택을 제공한다. 또한 피코크 클럽 회원에게는 이마트에서 피코크 상품을 1만 원 이상 구매할 때마다 스탬프를 지급하고 스탬프가 적립될 때마다 추가 할인해준다. 트레이더스와 피코크가 전용 멤버십을 선보인 것은 고객의 재방문과 재구매를 높이기 위한 것이다. 무료회원제 형태로 운영하면서도 기본적인 고객 정보 부재로 그동안 체계적인 고객 관리와 혜택이 부족했던 것을 만

회하기 위한 방법이다. 이를 통해 유료회원제의 수익만을 따라가는 한계를 넘어서려고 한다. 온라인과 오프라인에서 각각의 고객 혜택이 다를 수는 있으나 혜택 제공을 위한 마케팅 비용은 일정 규모의 회원 수를 만들지 못하면 오히려 독이 된다. 지속적인 혜택을 제공해야 하기 때문이다. 또한 제공된 혜택이 이용자에게 혜택으로 느껴져야만 한다. 무리한 유료회원제의 채택보다는 온라인과 오프라인의 고객군에 따른 차별화된 회원제를 고민해야 한다. 즉, 유료회원제만을 고집할 필요는 없다. 유료회원제로 고객의 눈높이를 높여 놓게 되면 만족은 상대적으로 낮게 나타날 수 있기 때문이다. 오히려 무료회원제를 통해 낮은 기대감으로 출발하여 만족을 이끌어 내는 방법이 더 효과적인 경우도 있다. 이때 구독 모델의 반복 구매, 횟수, 기간을 기준으로 혜택을 부여하는 것도 방법이며 고객 관계 관점에서 정량적인 비용이 아닌 정성적인 관점도 고려되도록 해야 한다.

02 떠나는 이용자 이탈률 줄이기

　　이용자 이탈률은 구독 서비스 기업 입장에서는 매우 중요한 지표이다. 이 지표는 가입 해지율이라고도 할 수 있는데, 기업에서 제공하는 제품이나 서비스의 사용을 중단한 비율을 뜻한다. 일반적으로는 일정 시점부터 상품이나 서비스를 구매하지 않는 비중을 구하는 것으로 구독이나 렌탈 서비스의 경우는 서비스 사용 또는 약정 기간이 끝난 후 이용을 연장하지 않는 경우 이탈이 일어난 것으로 정의한다. 유료 이용자가 무료 서비스만 이용하는 경우도 이탈로 본다. 이탈률이 높은 것은 해결해야 하는 선결과제이다.

　　구독을 취소하는 이유는 다양하겠지만 그중 가장 비중이 높은 것은 비용이다. 매달 지출되는 비용에 자유로운 사람은 없다. 코로나19 이후 지출에 보다 보수적으로 접근하는 경향이 보여진다. 또 다른 이유로는 서비스의 낮은 유용성으로 인해 이용 빈도가 떨어지며 결국 해지로 이어지는 경우다. 상품이나 서비스에 가입하는 사람의 절반은 이용을 취소한다는 통계가 있고 그중 3개월 이내에 취소하는 경우는 절반이 넘는다. 이용자 이탈은 매출 저하로 이어지며 떠난 빈자리를 메울 신규 회원 확보에 더 큰 비용이 소요된다. 따라서 기존 회원을 유지하는 것이 신규 확보보다 더 중요하며 확보한 이용자를 놓치지 않아야 한다. 이탈을 최소화하기 위해서는 그럴 가능성이 높은 이용자를 미리 식별해야 하는데 이때, 단순 이탈률 숫자만 볼 것이 아니라 맥락을 파악해야 한다. 서비스 이용 패턴과 문맥 데이터를 분석해 보는 것이다. 서비스 이용 데이터는 이용자가 제품이나 서비스를 얼마나 사용하고 관심을 표현했는지를 통해 확인하고 문맥 데이터는 여기에 더해 서비스에 대한 이용자의 이해 정도 그리고 개선 및 불만 사항에서 찾는다. 이와 같은 행동 분석을 토대로 고위험 이용자를 사전에 예측한다. 예를 들어 서비스 이용 등급을 기존의 프리미엄 등급에서 일반 등급으로 낮춘 경우 또는, 갑자기 서비스 이용 빈도가 떨어진 경우로 파악할 수 있다. 비용이 이유라면 결합 상품을 제안할 수 있고 콘텐츠의 불만이면 경쟁사 콘텐츠를 파악해 본다.

또한 동일한 이유가 생기지 않도록 제공하는 상품 및 서비스를 조정해 보는 방법도 있다. 취소 요청 시 간단한 SNS 조사, 메신저, 앱 푸시 등으로 데이터를 취합하고 객관식 질문으로 쉽게 답변을 고를 수 있게 하여 마음껏 의견을 남길 수 있도록 한다. 내용을 보고 낮은 등급의 서비스로 전환하기를 추천하거나 취소가 아닌 일시 정지를 제안한다. 구독 취소를 막을 수 있다면 최선이지만 그렇지 않은 경우 회원 재가입, 포인트 소멸 등 불이익에 대한 공지와 일시정지를 통해 언제든 다시 서비스로 돌아올 수 있음을 알린다. 일시정지는 취소가 아니기 때문에 관리 가능한 대상에 포함된다. 일정 수준의 서비스 이탈은 피할 수 없지만 데이터와 적절한 도구를 사용하여 구독자가 원하는 것, 구독을 취소하는 이유를 이해하고 가치를 제공하면 이탈률을 낮출 수 있다.

수익을 증대하기 위해서 회원만이 갖는 특전 즉, 회원이 아닌 사람은 느낄 수 없는 특화된 경험이나 서비스를 누릴 수 있는 차별화된 가치를 지속해야 한다. 유튜브의 경우 월마다 일정 비용을 지불하면 유튜브 프리미엄 서비스를 제공한다. 이 서비스를 이용하게 되면 광고를 보지 않아도 되고 다른 앱을 이용하는 중에도 동영상을 팝업 창으로 계속해서 시청할 수 있으며, 스마트폰 화면이 꺼진 상태에서도 끊김 없이 재생된다. 유료회원만의 특별한 경험이며 서비스이다.

또한 탄력적인 가격 선택권과 결제 환경 제공도 중요 고려 요소이다. 미래 수익 예측뿐만 아니라 고객에 대한 통찰을 심화하고 제공 서비스의 가격이 적정한지, 서비스의 수준은 적당한지, 개선할 점은 없는지 파악하면서 적정한 가격을 설정해야 한다. 편리한 결제 환경을 갖추는 것 또한 중요하다. 복잡한 결제 환경은 피로감을 높여 이탈로 이어지기 때문에 발송, 청구, 지불의 전체적인 결제 환경이 간편할 수 있도록 간편 결제, 앱 결제, 생체인식 결제 등 다양한 프로세스를 갖출 필요가 있다.

▶ 구글 애널리틱스_출처 구글 홈페이지

구독 서비스를 제공할 때 가장 주의해야 할 점은 제품 판매가 아닌 구독 서비스라는 특징을 충분히 인지해야 한다는 것이다. 다시 말해서 단순히 제품을 판매하는 것이 아니라 서비스를 제공하는 회사로서 고객을 상대해야 한다. 구독 서비스는 고객과 긍정적 관계를 형성하고 지속적으로 유지해야 한다. 즉, 신규 구독자 유치도 중요하지만 구독 이탈자를 줄이는 것이 관건이다. 이용자는 쉽게 싫증을 느낄 수 있고 충분한 만족을 느끼지 못한다면 언제든지 구독을 종료한다. 이를 위해 일정한 품질 관리 또한 중요한데, 특히나 렌탈형 구독 서비스의 경우 빌려줬던 제품의 상태가 엉망이 된다면 유지 관리비가 과도하게 들어갈 수 있을 뿐 아니라 다음에 이 제품을 사용하는 고객의 만족도가 크게 떨어질 수 있으니 유의해야 한다.

03 자동 결제의 늪
다크 넛지

다크 넛지는 옆구리를 슬쩍 찌른다는 뜻의 넛지nudge와 어두움을 의미하는 다크dark가 결합된 단어이다. 넛지는 마케팅 영역에선 팔꿈치로 옆구리를 툭 찌르듯 특정 행동을 은연중에 유도하는 것을 가리키는데, 여기에 부정적인 의미의 다크를 결합해 비합리적인 구매를 유도하는 상술을 말한다. 처음에 광고한 것과 다르게 부가적인 비용을 요구하거나 이용자에게 특별한 고지 없이 자동으로 과금하는 상술 등이 다크 넛지의 하나다. 이용자 입장에선 상술에 속았지만 귀찮아서 불만을 제기하지 않아 불필요한 비용 지출을 경험하게 된다. 가령 특정 서비스에 가입하는 것은 모바일로 간편하게 할 수 있도록 해 놨지만, 탈퇴는 컴퓨터 PC로만 할 수 있거나 복잡한 절차를 거쳐야만 해지를 할 수 있도록 해놓는 식이다. 비용이 커피 한 두 잔 값에 불과해 이용자가 크게 개의치 않아 하는 점을 노린 측면도 있다.

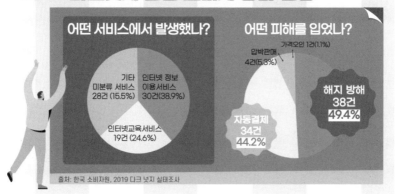

▶ 다크 넛지 소비자 상담 현황_출처 한국 소비자원

　　이것은 음원 사이트뿐만 아니라 에어비앤비, 에버노트 등의 애플리케이션에서도 빈번하게 발생된다. 자동으로 결제되도록 하거나 또는 총액을 표시하지 않거나, 표시된 금액과 실제 결제 금액이 차이가 나는 경우 또는 어려운 해지 절차를 두는 식이다. 자동 결제의 경우 한 달간 무료 이용 후 다음달에 자동으로 결제되도록 한다. 가격을 표시할 때 부가세가 제외된 금액으로 표시하여 저렴한 가격처럼 보이게 하고는 실제 결제 때는 부가세가 포함되어 제시된 가격과 상이한 경우일 수 있다. 또한 메인 화면에 해지 기능을 두지 않고 몇 번의 클릭을 해야만 해지를 할 수 있도록 한다. 또한 해지는 꼭 유선으로 진행해야 하는 경우도 많다. 다크 넛지에 관한 전자상거래 규정을 살펴보면 '전자상거래 등에서의 이용자보호에 관한 법률' 13조의 내용을 이해할 필요가 있는데 주요 내용은 다음과 같다.

　　"통신판매업자는 이용자가 계약체결 전에 재화 등에 대한 거래조건을 정확하게 이해하고 실수나 착오 없이 거래할 수 있도록 재화의 가격 등을 적절하게 표시,

광고하거나 고지해야 한다" 또한 "사업자는 무료 이벤트 기간 경과 후 유료전환 시에 이용자에게 전자적 대금 결제창을 제공해야 하고, 무료 이벤트가 유료 자동결제 계약에 부수된 것일 경우 무료 이벤트 시작 시점에 전자적 대금 결제창을 제공할 수 있음"

구독 서비스 기업들 중 이용자의 이탈을 막기 위해 취소, 해지 기능을 숨기거나 절차를 어렵게 하려는 곳들이 있지만 이것은 오히려 이용자에게 좋지 않은 인상만을 줄 뿐이다. 이러한 내용이 SNS를 통해 친구나 지인들에게 퍼지기라도 한다면 서비스 이용자의 이탈을 줄이기보다 가속화할 수 있다. 다크 넛지를 문제의 출발점으로 인식하여 이용자에게 새로운 감동을 주는 기회로 삼아야 한다. 일부 다크 넛지를 통해 이용자의 해지를 막고자 하지만 이것은 손으로 하늘을 가리는 것일 뿐 문제 해결에는 아무 도움이 안 된다. 따라서 다크 넛지가 아니라 반대로 해지를 좀 더 찾기 쉬운 곳에 위치시키는 방법이 더 나을 수 있다. 어차피 떠날 사람은 아무리 막더라도 떠나기 때문이다. 해지를 어렵게 한다고 해서 해지 의사가 사라지지는 않으며 오히려 재가입 유도에 도움이 되지 않는다. 단, 해지 방법은 쉽게 하더라도 해지 사유에 대해서 세밀하게 파악할 수 있도록 다양한 피드백 방법을 연구한다. 너무 쉽게 떠날 수 있도록 하는 메뉴 구성에 거부감이 있다면 해지를 일시 정지하도록 유도하고 기존 혜택에 대한 소멸을 인지시키는 방법이 있다. 월 구독료를 이미 지불했기 때문에 환불 금액이 모호할 수 있고 제공 기업마다 기준도 상이하다. 중도 해지의 경우 소비자는 환불을 요청하지 않을 수도 있지만, 상황에 따라 사용한 일 수만큼 일할 계산하여 환불을 해야 하는 경우도 있다. 환불 금액에 따른 불이익을 표시하여 해지보다는 일시 정지가 유리함을 알린다. 해지보다 서비스 일시 정지를 권하고 일시 정지 날짜를 공지하며 언제든 다시 서비스 이용이 가능함을 안내하여 큰 틀에서는 아직 서비스 이용자임을 느끼게 하는 것이 유리하다.

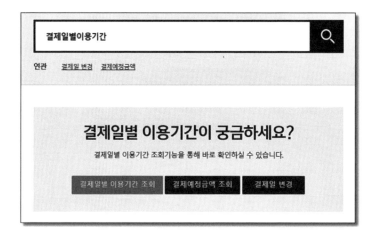

▶ 결제 관련 내용 조회_출처 삼성카드

구글 플레이의 결제 일시 정지 사례를 보면 사이트에 다음과 같은 안내 내용을 통해 결제가 일시 정지되는 서비스를 제공하고 있다.

"일시 정지를 신청하면 현재 결제 기간이 종료될 때 정기 결제가 일시 정지됩니다."

이를 통해 이용자 입장에서도 편리하게 구독 서비스를 이용할 수 있어 자유도가 높아진다. 또한 구글 플레이의 취소 정책에 대한 내용을 살펴보면 구독을 취소해도 이미 요금을 지불한 기간 동안은 구독을 계속 사용할 수 있다. 만약 1월 1일에 10달러를 지불하고 1년 구독권을 구매한 후 7월 1일에 구독을 취소하기로 한 경우는 12월 31일까지 구독 항목에 액세스할 수 있으며 다음 해 1월 1일에는 연간 구독료 10달러가 청구되지 않는다. 다만 구독을 통해 이용할 수 있었던 유료 앱 및 게임, 인앱 구매 항목, 광고가 표시되지 않았던 환경에 더 이상 접속할 수 없게 된다. 결국 중간에 취소를 하게 되면 이용자의 금전적 피해는 없도록 하지만 그동안 제공받았던 서비스의 수준을 낮춤으로써 이용자를 지속적으로 유지하는 방식이다. 지금까지 쌓아왔던 서비스 이용에 따라 지급된 각종 포인트, 이벤트 참여로 얻은 마일리지, 이용 기간에 따라 부여된 등급 등 혜택의 기회 비용에 대해 인식을 심는 것이다.

04 이용자는
단 한 번도 변한 적이 없다

　　자본주의 사회에서 사람들의 욕구가 무엇이고 이를 어떻게 만족시킬 수 있는지를 파악하는 일은 매우 중요한 과제다. 이윤은 끊임없이 욕구를 불러일으키고 충족시켜 주는 과정 속에서 발생하기 때문이다. 여기서 인간의 욕망 구조를 설명하는 매슬로의 '욕구발달 5단계설'은 구독 모델을 좀 더 세밀하게 가다듬는 기본이 된다. 매슬로의 욕구발달 5단계설은 그 자체로도 일상을 진단하는 요긴한 도구다. 생리적 욕구, 안전, 애정과 소속감, 자존심에 이르는 욕구를 '결핍욕구D-need, Deficit need'라고 부른다. 배가 고프면 밥을 먹어야 하듯, 체력을 유지하기 위해서 이런 욕구는 반드시 충족되어야 한다. 배부르면 식욕이 사라지는 것처럼 이러한 욕구들도 채워지면 곧 없어진다.

▶ 매슬로 욕구발달 5단계설

　열흘 굶은 사람에게 명예를 지키라는 말은 공허한 수사에 지나지 않는다. 반면, 풍요와 관심 속에 자라난 엘리트에게 자존심의 상처는 목숨을 걸만큼 중대한 문제가 될 수 있다. 자아실현은 상태가 아닌 빈도의 문제인데, 자아실현을 했다고 해서 배고픔이나 애정, 자존심 등 하위 욕구에서 벗어날 수 있는 것은 아니다. 인간인 이상 욕구의 결핍은 언제나 생기기 마련이다. 다만, 자아실현에 이른 사람들은 욕구에 덜 시달릴 뿐이다. 생리적 욕구에서 자존심에 이르는 욕구의 단계를 이해한다면 각각의 욕망에 걸맞는 맞춤형 구독 서비스를 적용해 볼 수 있다.

　좀 더 세부적으로 살펴보면 가장 기본 단계는 생존과 생식에 관련되어 있다. 이 수준에서는 항상성 욕구가 있다. 항상성이란 몸이 정상적이고 지속적인 상태를 유지하려는 노력으로써 배고픔은 음식으로, 갈증은 물로, 잠자리는 적절한 체온 유지가 가능한 곳으로 채우려는 욕구다. 다음으로 안전에 관한 욕구는 질서감과 안정감이 해당된다. 기본적인 생활을 위한 안정적인 수입, 취업을 통한 고용불안 해소, 아프지 않고 살아가는 건강한 삶, 그리고 안전하게 보호받는 욕구 등이다. 애정과 소속의 욕구는 다른 사람과 함께 지내고 싶고 정서적 교류를 원한다. 존중, 존경의 욕구는 존경과 명예를 얻고 사회 단체 내에서 두드러지고 싶어하며, 자존감과 자기 존중을 포함한다. 마지막으로 자아실현 욕구는 성취하기 가장 어려운 목표들이 포함된다. 오락, 여행, 취미, 엔터테인먼트 및 지적인 욕구 등이다. 재능을 개발하고 자신만의 일을 실행하는 욕구가 포함된다. 1단계의 생리적 욕구가 의식주를 기반으로 한다면, 2단계의 안정, 안전에 대한 욕구는 내 생활에 혹시 모를 불안을 해소하기 위한 행동으로써 각종 보험에 가입하는 것들이 해당될 수 있다. 3단계 소속감과 애정 충족시키기는 자기가 원하는 집단 내에 소속하기를 노력하고 원한다. 4단계로 존중, 존경에 관한 욕구에서는 다른 사람에게 인정받고 싶어하거나 조직 내에서 승진하고 싶어하는 경우가 있다. 마지막 자아실현의 단계는 타인에게 구속받지 않고 경제적인 자유를 얻는 것이다.

구독 서비스를 고민할 때 이러한 인간의 욕구에 대한 기본적인 이해를 바탕으로 서비스 모델을 검토할 필요가 있다. 생리적 욕구 해결에는 구독 서비스의 가장 대표적인 정기배송 서비스를 염두에 볼 수 있다. 남성복 렌탈 서비스인 '클로젯셰어맨' 서비스, 커피, 햄버거 구독 서비스, 공유 오피스, 카쉐어링 서비스 등 우리의 의식주에 대한 기본적인 욕구 해결과 함께 편리함을 접목하여 구독 서비스를 구현한다. 안전 욕구에 대한 구독 서비스의 모델로는 소비자가 직접 원하는 보장을 선택하여 보험에 가입하고 원할 때 보장을 변경 혹은 취소할 수 있는 보험 상품을 제공하는 HSBC UK영국 복합금융그룹, Aviva영국 보험회사 등이 있다. 애정과 소속감의 욕구는 소셜미디어 트위터의 구독 서비스 '슈퍼 팔로우Super Follows'가 해당된다고 할 수 있다.

인간의 욕구를 구분하는 것은 결핍을 느끼기 때문에 욕구가 생긴다는 기본적인 구조의 이해라고 할 수 있으며, 결핍은 원인에 해당되고 욕구는 결과이다. 구독 서비스의 전개 방향은 이러한 결핍이 어디에서 오는지를 명확하게 파악하고 욕구를 어떻게 채워 줄지를 고민해야 한다. 그러한 과정을 통해서 구독 서비스는 지속적이고 지극히 개인화된 서비스로써 시장에서 안착할 수 있다.

05 구글
GA 활용하기

구글 애널리틱스google analytics는 웹사이트 방문자의 데이터를 수집해서 분석하는 도구로써 온라인 비즈니스의 성과를 측정하고 개선하는데 사용하는 분석 도구이다. 무료 서비스임에도 매우 강력한 기능을 제공하고 있어 전 세계적으로 가장 널리 사용되는 웹 분석 도구이다. 구글 애널리틱스는 컴퓨터 PC에 설치하는 클라이언트 방식이 아닌 클라우드 방식으로 제공되는 서비스이기 때문에 별도 설치가 필요하지 않다. 서비스 제공 사이트에 접속하여 언제든 사용 가능하다. 이용 시 구글 계정을 가지고 있어야 하며, 일부 사용 기능이 제한될 수 있는 인터넷 익스플로러보다는 구글 크롬을 사용하는 것을 추천한다. 운영할 웹사이트와 구글 계정만 있으면 누구나 구글 애널리틱스를 사용할 수 있다. 무료임에도 불구하고 웬만한 디지털 분석 툴보다 뛰어난 기능을 제공한다.

100가지가 넘는 표준 보고서를 제공하기 때문에 분석 유형이 다양하다. 기본적으로 제공하는 표준 보고서 이외에 분석하고자 하는 데이터를 선택하여 맞춤 보고서를 만드는 것도 가능하다. 구매나 회원가입 등 매크로 전환 설정 이외에도 상담 신청, 자료 다운로드와 같은 마이크로 전환에 대한 이벤트 설정, 다양한 기기를 통한 유입 경로를 파악할 수도 있어 보다 심층적으로 이용자를 이해하는데 편리하다. 그리고 무엇보다도 구글의 강력한 클라우드 인프라를 기반으로 하기 때문에 데이터 처리 속도가 빠르다. 우수한 사용자 인터페이스도 장점으로 꼽힌다. 유저 인터페이스가 간결하고 직관적이기 때문에 사용 편의성이 높고 표 이외 그래프, 파이 차트 등 다양한 시각화 방식으로 지표를 제공함으로써 데이터를 쉽게 이해할 수 있도록 구성되어 있다. 그 뿐만 아니라 솔루션의 확장성이 뛰어나 구글 옵티마이즈, 애드워즈 등과 연동하여 사용도 가능하다. 구글 애널리틱스를 통해 구독 서비스를 운영할 때 아래와 같은 답을 얻는데 활용할 수 있다.

이탈 이용자에 대한 모니터링으로 구글 애널리틱스가 산출하는 대표적인 측정 항목 중 하나인 이탈률을 통해 운영 사이트나 콘텐츠 제공에 대한 이용자 경험을 파악하고 개선 필요성을 환기시킬 수 있다. 주요 검색어를 통해 트래픽과 전환율을 확인하고 잠재 이용자의 특성이나 주요한 검색어들을 확인할 수 있다. 웹서비스의 접속 속도를 측정할 수도 있는데 일정 속도 이하의 접속 속도가 나온다면 답답함을 느껴 이용자에게 불편함을 줄 수도 있기 때문에 속도 측정을 통해 사전에 문제점을 파악하고 개선을 할 수 있다. 이용자의 행동 방식을 분석하는 기능도 있다. 어느 경로에서 접속하여 서비스 내의 어떤 메뉴로 이동을 하는지 그리고 이동하면서 서비스를 나가 버리는 이탈은 없는지 파악하여 서비스 이동 중에 나가 버리는 경우가 많은 콘텐츠는 향후 제외를 시키거나 업그레이드를 검토한다.

▶ GA 분석 화면_출처 구글 GA

　　GA를 통해 자사 사이트에 방문한 고객의 여정을 파악할 수 있으며 고객이 어떤 키워드를 사용했는지, 어디서 유입되는지 그리고 얼마나 해당 페이지에 체류하고 이동하는지 이해할 수 있다. 이처럼 고객의 이동 경로를 파악할 수 있기 때문에 아래와 같은 질문의 답을 얻을 수 있다.

1　실시간 보고서: 웹사이트 내 활동의 실시간 모니터링
2　잠재고객 보고서: 어떤 사용자가 웹사이트를 방문하는가 (사용자 특성)
3　획득 보고서: 어떤 캠페인/채널을 통해 웹사이트를 방문하는가 (유입 경로)
4　행동 보고서: 웹사이트에서 어떤 행동을 보이는가 (콘텐츠와의 상호작용)
5　전환 보고서: 전환으로 얼마나 이어졌는가 (설정한 목표로의 전환)

　　구독 서비스는 이용자를 이해하고 파악하는데 최적의 비즈니스 모델이다. 이용자와 장기간 관계를 맺으면서 얻는 데이터와 서비스에 대한 반응을 실시간으로 파악할 수 있고 이를 제품과 서비스에 다시 반영할 수 있기 때문이다. 이처럼 구독 서비스에서 구글 애널리틱스는 강력한 활용 툴이라고 할 수 있다.

06   치킨 게임의 끝

삼겹살 100g에 990원, 초저가 가격 파괴는 유통업계의 가격 경쟁의 끝을 보여준다. 10년 전, 유통업계의 가격 경쟁은 지금도 진행형이다. 2009년 롯데마트는 국내산 냉장 삼겹살 100g을 단돈 990원에 판매해 인기를 끌었고 이마트는 990원 야채를 기획해 매출을 끌어올렸다. 온라인 업체들도 이에 뒤지지 않기 위해 당시 옥션은 대표 생필품 500여 개 품목을 최고 50%까지 할인해주는 옥션 행사를 통해 말 그대로 대형마트와 가격 경쟁을 치열하게 진행했다.

이 싸움은 지금도 진행 중이다. 예전과 구분하기 어려울 정도로 똑같은 상황이 연출되고 있다. 이마트는 국민 가격이라는 이름으로 삼겹살 100g을 990원에 내놓았고 이에 질세라 롯데마트와 홈플러스도 대대적인 할인행사를 진행한다. 온라인에서는 쿠팡, 위메프와 티몬에서 특가 경쟁을 벌이고 있다. 여기서 10년 전과 달라진 것이 하나 있는데, 그것은 가격에 그치지 않고 그 경쟁이 배송까지 확대되었다는 것이다. 누가 더 빨리 이용자의 집 앞까지 주문 상품을 가져다 놓을 수 있는지를 두고 경쟁 중이다. 과거엔 주문 상품이 2~3일 만에 도착하면 빠른 배송이었으나 지금은 다음날 배송해주는 익일

배송, 로켓배송이 등장하며 배송 싸움으로 확대되었다. 당일배송이나 주문 다음날 새벽에 가져다 주는 새벽배송까지 등장했으며, 급기야 일부 업체는 3시간 배송, 30분 배송까지 배송 서비스를 강화하고 있다. 게다가 일정 구매 금액을 충족하면 배송비가 무료인 서비스도 제공하고 있다. 얼마 전 대규모 투자 유치에 성공한 쿠팡은 로켓 와우 유료회원제에 가입만 하면 무조건 무료 배송을 해주는 이벤트를 하면서 이용자를 끌어모았다. 이 서비스는 일정 기간 이후 조건 없이 해지할 수 있어 사실상 누구나 무료 배송 체험을 할 수 있는 것과 다름없는 서비스다.

이용자 입장에서는 더 싼 가격에 더 빠르게 배송받을 수 있으니 나쁠 게 없다. 치열한 온라인 커머스 시장의 경쟁으로 인해 서비스 질은 높아진 다. 오프라인과 다르게 몇 번의 검색으로 더 싸고 혜택 좋은 곳으로 순간 이 동을 할 수 있는 온라인의 특징 때문이다. 이렇게 치열한 경쟁이 국내에서 벌어지는 이유는 미국과 다르게 지배적 사업자가 없기 때문이다. 미국의 경 우 온라인에서는 아마존이라는 절대 강자가 있어 웬만한 온라인 커머스 업 체는 명함을 내밀 수도 없다. 오프라인 업체도 예외는 아니며 그나마 월마트 가 자존심을 지키고 있다.

반면, 우리나라는 춘추전국시대다. 온라인 커머스에서 압도적인 1위 사업자가 없으며 네이버를 필두로 쿠팡, 옥션, 11번가 등이 경쟁을 하고 있 지만 시장 점유율이 과반을 넘는 기업은 없다. 치킨 게임 중이다. 누군가가 살아남을 때까지 게임은 끝나지 않을 듯 보인다. 굴지의 네이버조차도 약 15% 수준의 시장 점유율을 보이고 있다. 오프라인에서는 이마트, 홈플러스, 롯데마트, 농협 하나로 등이 경쟁 중이다. 시장에서 선도적인 위치를 차지한 기업은 이마트이지만 그렇다고 압도적인 시장 선두는 아니며 매출 기준으로 이마트는 홈플러스의 약 두 배 정도 규모다.

이것은 대부분 업체가 충성 이용자 즉, 단골을 확보하고 있지 못하기 때문이다. 아마존의 프라임과 같은 압도적인 구독 서비스 모델이 없이 단순 가격 경쟁에만 치우쳐 있기 때문이며 상대보다 저렴한 가격 외에는 경쟁에서 우위에 설 수 있는 이렇다 할 키워드가 없어 뜨내기 이용자만이 넘쳐 나는 것이다. 가격 경쟁이 단기 실적에는 도움이 되지만 장기적으로는 경쟁력을 저해하며 치킨 게임이 되고 만다. 뚜렷하게 나아진 것도 없지만 그렇다고 뚜렷하게 떨어지는 것도 없다. 10년 전과 똑같은 방식의 가격 경쟁을 보면 알 수 있다. 치킨 게임 속에 유통업체의 가격 경쟁은 납품업체의 수익성 악화로 이어진다. 대형 할인 행사가 있는 날이면 일부 비용을 분담시키는 경우도 있는데 이것은 불만이 발생할 수밖에 없다. 납품업체들이 할인 행사에 참여하면서 마진을 줄이고 있지만, 그에 따른 수수료 인하는 별개이기 때문이다.

배송 경쟁에서도 부작용이 초래될 가능성이 있다. 배송을 위한 두 가지 요소가 물류 시스템과 인력이다. 물류 시스템은 유통업체의 수익성과 직결되는데 대규모 투자 때문이다. 주문 상품을 찾고 이를 포장하는 시간을 단축하기 위해서 상품 분류 로봇, 인공지능, 빅데이터를 활용한 수요 예측 및 재고 관리 시스템 등 최신 기술이 필요하다. 내수 시장이 한정된 상황에서 무작정 물류 시스템 효율화에만 매달리는 것은 부담이다. 엄청난 투자에 따른 효율성은 안정적인 이용자 확보가 우선시되지 않고는 무리한 투자일 수밖에 없다.

온라인 시장의 성장으로 배송 물량이 급증하고 있지만, 배송 인력은 물동량을 따라가지 못하고 있다. 쿠팡맨이 5년 전쯤 배송 시장에 처음 등장했을 때는 친절한 서비스로 주목받으며 업계에서 화제가 되었었다. 단순 물건

배송을 넘어 간단한 손 편지를 써주거나 감동적인 문자메시지를 보내는 등 차별화된 서비스를 보여주었기 때문이다. 지금 분위기는 사뭇 다르다. 과거 쿠팡맨이 친절했던 건 하루 배송 물량이 50~60개에 불과했기 때문이다. 지금은 하루 250개 안팎의 물량을 소화해야 하기 때문에 과거처럼 세심한 서비스를 기대하기는 어렵다. 경쟁 심화에 따른 마케팅 비용 확대로 수익성도 악화된다. 전용 물류센터 구축에 따른 투자 비용과 감가상각비, 배송 차별화에 따른 물류비 증대, 최저가 할인 정책에 따른 마케팅 비용 증가 등이다. 외형을 성장시키는 것만으로는 이겨 내기가 쉽지 않을 수도 있다.

아마존의 사례처럼 유통업체의 구독 서비스 모델을 그려볼 수 있다. 아마존은 풀필먼트 서비스를 통해 제3자가 판매하는 거래도 안심할 수 있는 신뢰 프로세스를 구축했다. 풀필먼트란 물류 전문업체가 물건을 판매하려는 업체들의 위탁을 받아 배송과 보관, 포장, 재고 관리, 교환·환불 서비스 등의 모든 과정을 담당하는 물류 일괄 대행 서비스를 말한다. 아마존 풀필먼트는 물류를 아마존이 대행해줌에 따라 구매자에게는 아마존이 대신하여 신뢰를 제공하고 판매자는 상품 기획, 소싱에 집중할 수 있게 한다. 풀필먼트는 아마존이 셀러에게 제공하는 일종의 멤버십 구독 서비스라고 할 수 있는데, 사용하는 면적이나 주문 수에 따라 비용을 내는 형태로 아마존과 셀러 간의 관계가 긴밀한 구독 서비스다.

Welcome to Amazon Prime

Shop   Watch   Listen   Read   Photos

▶ 아마존 프라임 혜택_출처 아마존

아마존 프라임은 월 10달러를 내면 풀필먼트 대상 상품을 무료로 배송하는 구매자를 위한 구독 서비스이다. 무료 배송 이외에도 다양한 콘텐츠 서비스를 제공하지만 아마존 프라임의 핵심 가치는 무료 배송에 있다. 시작은 2일 배송으로 시작했지만 이제는 다음날 배송을 보장하는 서비스로 성장했다. 특정 지역을 중심으로 당일 배송과 2시간 내 신선식품 배송으로 혜택을 확대해 나가고 있다. 이 서비스를 이용하기 위해서 판매자는 풀필먼트를 구독해야 프라임의 대상이 될 수 있고 구매자는 프라임을 구독해야 빠른 배송 서비스 혜택을 받을 수 있다. 이러한 양면 시장의 참여자들은 구독이라는 모델을 통해 지속적으로 늘어나 서로의 시장을 키워주고 있다. 치열한 경쟁 속에서 마지막 승자가 되기 위해서는 아마존의 사례처럼 구독 모델을 통한 돌파구가 필요하다. 무리한 투자로 치킨 게임의 승자가 되더라도 영광의 상처가 클 수 있다. 그 때문에 멤버십 구독 모델을 통해 이용자를 응집시키고 유통의 특성상 친밀한 셀러와의 관계를 통해 아마존의 풀필먼트 사례와 같이 구독 모델을 통한 협력적 상생 관계로 만들어야 할 것이다. 협력 관계는 어느 한쪽으로 무게감이 쏠려서는 안 되는데, 이용자 입장에서는 구독 서비스를 통해 이용 편의성을 향상시키고 제조사는 생산 효율을 높인다. 이용자는 상품 및 서비스를 구독함으로써 불필요한 고민을 해결하게 되고 생산자는 고정 이용자 확보를 통해 생산과 판매에 대한 고민을 해결한다. 결국 서로가 서로를 구독하는 상생 협력 구조를 갖게 된다. 이것은 비단 당사자뿐만 아니라 2차적인 이해 관계자까지 확대된 협력 관계를 만들기도 하는데 상품의 제조, 판매 그리고 서비스 제작, 프로모션, 결제 등 흩어져 있는 각각의 모듈 관계를 하나의 상생 협력 관계로 연결한다. 이렇게 규모의 경제를 만들어 안정적인 수익을 낼 수 있도록 상호 협력 하에 시너지를 만들 수 있다. 치킨 게임은 그 자체로 출혈이 크다. 이긴다는 보장이 없고 게임의 끝도 알 수 없다. 치킨 게임은 한쪽이 포기하면 다른 한쪽이 이득을 얻지만 아무도 포기하지 않으면 당사자 모두가 점점 더 나쁜 상황으로 치닫는다. 치킨 게임으로는 결국 상대방이 먼저 포기하기 전까지는 이득이 발생하지 않고 자칫 모두가 파국으로 치달을 수도 있다.

　치킨 게임을 얘기할 때 제임스 딘이 등장하는 '이유 없는 반항'이라는 영화를 떠올리곤 하는데, 일차선 도로를 두 차가 정면으로 마주보고 달리는 장면이 있다. 먼저 자동차 핸들을 꺾어 차선에서 벗어나는 사람이 지는 자동차 경주다. 이 경주에서 이기는 방법은 끝까지 대범하게 달리며 상대방이 미리 포기하기를 바라는 것이다. 나의 대범함을 보여주기 위해 출발하자마자 차의 방향을 고정하고 핸들을 떼어 상대방이 볼 수 있도록 차창 밖으로 버리며 끝까지 간다는 시그널을 보인다. 하지만 상대방 또한 똑같이 핸들을 떼어 버린다면 둘은 충돌할 수밖에 없다. 이런 치킨 게임에서 승리하기 위한 묘책은 정면에서 오는 자동차의 핸들을 조금씩 서로 돌려서 달리거나 완충 지대를 만드는 것인데 출발 시에 핸들을 조금 트는 것은 상대와의 신뢰이며 완충 지대를 만드는 것은 상생의 협력 관계에 해당된다. 구독을 통해서 치킨 게임의 끝을 보기보다는 서로를 구독하며 협력의 생태계를 구축하는 것이 바람직하다.

5

생활 속
구독 서비스
사례

Intro 선진 사례를 통한
구독의 현주소

전 세계 사람의 10명 중 6명이 '현재 가지고 있는 물건을 줄이고 싶은가'에 대한 질문에 그렇다고 대답할 정도로 물건을 소유하려는 욕구가 이전에 비해 점점 약해지고 있다. 그 이유로는 테크놀로지의 진화와 소비자의 요구사항 변화에서 찾을 수도 있지만, 가성비가 좋고 유용한 구독 모델의 출현도 큰 몫을 했다고 볼 수 있다. 구독 서비스 이용이 활발해지며 사람들은 굳이 물건을 소유해야 하는가에 대해 질문하기 시작했다. 구독 서비스 시장은 디지털 콘텐츠 분야인 음악, 동영상 플랫폼 중심으로 성장하고 오프라인의 경우 의식주를 중심으로 넓어지고 있다. 이미 2007년을 기점으로 미국에서 인기를 끌기 시작한 구독 서비스는 글로벌 금융 위기를 거치며 소득이 줄자 초기 구입 비용이 높은 제품을 직접 소유하는 것보다 구독을 통해 욕구를 해소하고자 하는 소비 패턴의 계기로 확산되었다.

코로나19의 영향이 더해져 집콕하는 트렌드가 생겨나고 집에서 영화를 보고 음악을 듣고 음식을 먹고 일하는 등 생활의 모든 부분이 서비스 대상이 되었다. 구독 서비스의 대표적 국가인 미국과 일본의 사례를 참고하면, 이용 고객을 어떻게 유치하고 유지하는지에 대한 노하우를 터득할 수 있다. 물론 반대되는 실패 사례를 참고할 수도 있다. 일본 불고기 체인 '규카쿠'에서 시작한 월 11,000엔 불고기 뷔페 구독 서비스 경우 2개월 만에 종료되었다. 구독 회원이 매장에 몰리면서 일반 내점객의 이용을 저해한 것이 원인이었다. 이것은 구독 서비스와 일반 영업을 병행하다 보니 발생된 경우로 기존 서비스에 구독 모델을 추가하는 것이 맞는지, 아니면 기존 모델을 구독으로 완전히 바꾸는 것이 맞는지 판단하지 못한 것을 문제점으로 볼 수 있다.

여기서는 성공 사례를 집중으로 하여 가능한 분야별로 구분해 사례를 참고할 수 있도록 했다. 사례 중에는 이미 서비스 안정기에 접어든 모델도 있는 반면에 아직 스타트업 수준의 아이디어도 있다. 또한 일반적으로 많이 알려진 미국 사례와 다르게 일본의 사례는 그리 많지 않아 가급적 우리나라에 시사하는 바가 유사한 일본 사례를 중심으로 소개한다. 최근 우리나라에서는 미니멀 라이프가 대세인데 일본에서도 유사한 의미의 단샤리斷捨離가 트랜드이다. 불필요한 것을 끊어 버리고 물건에 집착하는 것에서 멀어지는 것을 뜻한다. 이러한 라이프 스타일이 일본에서 구독의 성장을 가져온 배경이 되었는데 우리나라에도 앞으로 유사한 경험을 하게 될지 모른다.

또한 캐시리스 서비스의 성장으로 2019년 일본은 소비세를 인상하면서 캐시리스 결제 시 포인트 환원 서비스를 시작하였다. 캐시리스 결제는 기존 신용카드와 교통카드로 사용되던 전자머니, 유통업계 포인트 카드 결제 이후 새롭게 등장한 QR 코드 결제가 더해져 선택지가 다양화되면서 현금 사용을 고집하던 일본인의 인식을 바꿔 놓았다. 신용카드나 QR 코드 결제 사용이 익숙해짐에 따라 구독 모델의 이용이 자연스럽게 늘어나게 되었다. 우리나라는 신용카드의 결제 비중이 압도적으로 높아 결제 부분에 대한 시사점이 적다고 느낄 수도 있으나 일본의 사례처럼 결제의 편리함이 구독 모델의 성장에 일조한 것처럼 결제 환경의 편리함은 꼭 신경 써야 할 부분임을 일깨워준다. 일본의 경우 그동안 결제의 편리함에 그다지 민감하지 않았다. 위조지폐, 강도 등 현금 사용에 대한 위험성이 낮고 길거리의 수많은 ATM으로 인해 언제 어디서든 현금 인출이 쉬운 환경이다. 또한 지진, 쓰나미 등 자연재해가 많아 신용카드, 모바일 카드 결제에 대한 불안감이 늘 존재한다. 갖고 있어도 자연재해로 인해 사회 인프라가 마비되면 쓸모없기 때문이다. 하지만 최근 들어 이러한 오프라인 환경과는 다르게 온라인 기반의 생활 환경이 대세기 되면서 결제 경험이 쌓이게 되었고 이에 따라 편리한 결제 수단들이 생겨나면서 구독 서비스 이용 확대로 이어지게 되었다. 결제의 편리함은 서비스 이용과 비례한다. 이는 서비스와 이용자를 이어주는 접점으로써 중요한 게이트웨이가 될 것이고 게이트웨이의 편리함은 서비스 이용 증가로 연결된다. 결제 수단이 다양하면 이용 거부감이 줄어들고 현금, 신용카드 혹은 스마트폰 기반의 앱 결제, QR 코드 등 수단에 구애받지 않아 편리하다. 일본은 아이폰의 보급율이 절반을 넘는데 국내에서는 이용할 수 없는 애플페이가 결제 수단으로 사용되면서 결제 환경의 변화가 진행되고 있다. 일본 최대의 온라인 쇼핑몰인 '라쿠텐'의 경우 QR 코드 결제를 도입하며 결제 수단을 다양화하고 있다. 최근에는 비트코인, 이더리움 같은 암호화폐를 결제 수단으로 추가하면서 서비스 이용 허들을 낮추기도 했다. 이처럼 결제 수단의 다양화는 구독 서비스의 이용 편리성으로 이어지며 이용 빈도를 높이고 서비스 연장, 갱신 등에 폭넓게 활용된다.

01 명품 가방을
내 것처럼 사용하기

'라쿠사스Laxus'는 월 이용료 6,800엔을 내면 53개 브랜드 가방 3만 개 이상을 원하는 기간 동안 이용할 수 있는 서비스를 제공한다. 처음 회원에 가입하게 되면 가입과 동시에 1만 포인트가 무료로 지급되기 때문에 첫 달은 무료로 별도 비용 지불 없이 이용 가능하다. 스마트폰 앱을 기반으로 하며 이용자는 원하는 가방을 선택해 배송받는 구조이다. 다른 가방을 이용하고 싶어지면 기존 가방을 반납한 후 새로운 가방을 예약하면 된다. 명품 가방을 마음껏 이용할 수 있는 라쿠사스 서비스는 현재 유료 회원 수가 약 2만 명을 넘으며 높은 서비스 유지율을 보인다. 이탈이 거의 없는 서비스로 유명하다.

▶ 라쿠사스 취급 브랜드_출처 라쿠사스 홈페이지

　　서비스는 크게 두 가지로 구분할 수 있는데 첫 번째는 월정액을 지불하고 서비스를 이용하는 것으로, 가장 큰 장점은 사용 기간에 제한을 두지 않는다는 것이다. 보통의 경우 반납 일정을 지켜야 하고 그 일정을 지키지 못하면 연체료가 부과되는데 여기서는 월정액만 지불하면 이용자가 원하는 시간에 반납할 수 있다. 대여할 때와 반납할 때 배송료는 월 1회에 한해서 무료로 이용할 수 있다. 관련하여 이용자 선호도 분석을 통해 상품을 시의적절하게 추천하는 시스템도 갖추고 있다. 샤넬을 좋아하는 이용자는 샤넬 충성도가 상당히 높기 때문에 구찌와 같은 다른 브랜드를 추천하는 것보다 샤넬 브랜드 내에서 종류를 다양하게 하여 추천한다. 반대로 발렌시아가와 미우미우를 좋아하는 이용자는 단일 브랜드에 대한 충성도가 샤넬만큼 높지 않기 때문에 보유하고 있는 다른 브랜드인 프라다를 제안하는 식으로 추천한다. 또한 프라다와 발렌시아가를 선호한다면 미우미우를 선호할 확률이 높아 이러한 성향의 이용자에게는 미우미우 가방을 추천한다. 이런 상관관계를 데이터 분석을 통해 적극적으로 제안함으로써 서비스 이탈률을 관리한다. 또한 초기 어떤 가방이 자신에게 가장 잘 어울리는지 망설이는 사람에게는 실제 고객 앙케트 조사를 통해 큐레이션 하기도 한다. 어떤 그림을 좋아하는지 또는, 싫어하는지를 파악해 몇 개의 AI 엔진을 돌려서 분석한다. 예를 들어 아침 해가 뜨는 그림을 좋아하는 사람은 샤넬을 좋아한다는 분석 결과를 통해 샤넬을 추천하는 식이다.

두 번째는 가입된 회원에게 명품 가방을 빌려서 서비스를 운영하는 방식이다. 회원이 사용하지 않고 집에 묵혀 둔 가방을 활용하는 방법이다. 회원의 관점에서 봤을 때 사용하지 않는 가방을 빌려주고 집에서 용돈 벌이를 할 수 있는 점이 매력이다. 현재 등록된 명품 가방 수만 해도 2만 점이 넘는다. 명품 가방이 많은 회원은 라쿠사스의 서비스를 활용해 매달 일정 이상의 수입을 얻기도 하는데 이를 통해 어떤 가방이 가장 인기 높은지 실시간으로 데이터를 제공하며 회원에게 매월 예상 수입을 시뮬레이션 하여 제공하기도 하면서 자연스럽게 참여를 이끌어낸다.

반면 이용 상품에 흠집을 내거나 서비스 약관을 지키지 않는 이용자, 서비스 이용에 대한 심한 불만을 토로하거나, 불만 회수가 빈번한 경우 블랙 컨슈머로 정의하고 별도 관리하며 이들에게는 레드카드를 발급한다. 심한 경우 이용 정지 조치를 취하기도 한다. 이것은 그만큼 서비스에 대한 자신감을 나타내는 것이며 블랙 컨슈머 비율이 낮기 때문에 가능한 조치다. 서비스 매너가 좋지 못한 이용자를 식별하고 구독 서비스를 제공하지 않는다. 명품 가방이라는 아이템 특성상 서비스 품격을 유지하기 위한 방법이며 이런 규정을 통해 블랙 컨슈머로부터 직원을 보호하기도 한다. 2% 미만의 클레임 이용자 때문에 별도로 고객센터를 운영해야 하는 비용도 함께 줄일 수 있어 일거양득이라 할 수 있다.

서비스 특징으로 사용 기간에 제한을 두지 않는다고 하였는데, 지금까지 대부분 대여 서비스는 일정 기간 사용 후 반납해야만 했다. 그러나 사람들은 의무적인 반납을 선호하지 않는다. 블록버스터의 DVD 대여 서비스 경우 매출의 절반이 연체료일 만큼 제때에 반납을 못하는 사람이 생각보다 많다. 사람들의 이러한 성향을 파악하여 반납 의무로부터 이용자를 해방시키고 대신 월정액 이용료를 받는다. 이용자는 빌린 가방이 마음에 들지 않으면 언제든 반납하고 새 가방을 고를 수 있어 손해 볼 염려가 없고 라쿠사스는 안정적인 수익을 얻고 이용자가 증가하는 만큼 이익이 늘어난다. 명품 가방의 품질을 유지하기 위해 엄격하게 관리하는데, 가방 대여 전 라쿠사스의 규정에 맞게 다양한 각도에서 사진 촬영을 요구한다. 조도, 각도, 크기를 지정하여 촬영하도록 하고 촬영 데이터를 기반으로 반납 후 이를 비교해 긁힘이나 얼룩 여부를 파악한다. 전문가가 직접 가방을 검사하여 적절하지 못한 상품을 미리 차단하기도 하는데 탈락률은 절반을 넘기도 한다. 또한 서비스 이용 후의 상태가 빈번하게 좋지 못한 반납자는 경고 조치한다. 패널티 비용을 부가하는 것은 물론, 서비스 품질 유지를 위한 별도 조치를 두는 것이다.

사고 싶은 명품 가방이 있는데 구입 전에 실제로 사용해보고 싶은 사람, 직장에 들고 다니기 무난한 디자인의 가방 또는, 주말 모임에 멋을 내고 싶을 때 필요한 가방 등 다양한 이유로 이용자는 점점 늘어나고 있는 추세다. 라쿠사스는 개인 이용자뿐만 아니라 법인 고객까지 폭넓은 이용자층을 확보하며 승승장구 중이다. 이용자 배려를 위한 세밀한 서비스도 제공 중인데, 혹여 가방 사용 중에 작은 스크래치라도 생길까 봐 불안해하는 사람들을 위해서 회사 내 보상 보험 기능을 두어 안심하고 사용할 수 있도록 한다. 라쿠사스는 별도의 부가 서비스를 확장하며 수익 창출을 모색하고 이용자는 부담스런 이용 부담에서 자유로워질 수 있다. 서로 이득을 볼 수 있는 좋은 방안인 것이다.

02 언제 어디서나
유목민 생활을 구독하다

        일본 전역에서 리모델링한 빈집, 별장, 쉐어하우스 등을 구독으로 제공하고 있는 '아도레스'는 여러 장소에 흩어져 있는 주거 공간에 대해 이용권을 제공함으로써 내가 필요할 때, 필요한 곳에 들어가 마치 스트리밍 서비스를 이용하듯 공간을 이용할 수 있도록 하고 있다. 이동 중에도 내가 듣고 싶은 음악을 스트리밍하여 들을 수 있듯이 어느 곳이든 잠시 머물 수 있다. 이러한 서비스는 독특한 거주 문화에서 비롯된 부분이 없지 않은데 일본은 이사를 할 때 집주인에게 감사의 뜻으로 보통 월세의 2~3개월치에 해당하는 금액을 사례금이라는 명목으로 지불한다. 또한 꼭 보증인이 있어야만 계약을 체결할 수 있도록 되어 있어서 보증인을 세울 수 없는 경우 난처한 상황이 벌어지기도 한다. 아도레스는 이러한 불편한 사항을 없애는 것에서부터 출발했다. 사례금을 내야 하는 조건, 보증인을 세워야 하는 조건 등 기존에 관행처럼 여겨지던 것을 모두 제거했다. 이사할 때 내는 사례금도 없으며 집을 계약하기 위해 보증인을 세울 필요도 없게 했다. 임대 가능 기간도 최소 한 달부터 월 단위로 자유롭게 선택할 수 있고 일상생활에 필요한 가전, 가구는 물론 인터넷도 모두 구비해 두었다.

▶ 아도레스 홍보_출처 아도레스 홈페이지

우리나라로 치면 빌트인 구조로 이해할 수 있다. 구독 이용료에는 전기요금은 물론이고 수도 요금도 모두 포함되어 있어 추가적인 가격 지불에 대한 부담과 불편함이 없도록 했다. 즉, 거주와 관련해서 불편한 요소였던 사례금, 보증인의 구조를 없애고 각종 공과금을 요금에 포함시키며 필요한 가전 제품을 비치해 두어 편리함을 극대화한 것이다.

각 거점에는 관리자 역할을 하는 지배인을 두고 이용자가 현지 생활에 쉽게 적응할 수 있도록 돕는다. 택배도 대신 수령해 주는 등의 편의도 함께 제공된다. 이러한 구독 모델의 배경에는 아도레스 호퍼 문화가 한몫을 했다고 할 수 있다. 아도레스 호퍼란 새로운 라이프 스타일을 가진 사람들로서 주소를 뜻하는 어드레스의 일본식 발음인 아도레스와 캥거루처럼 이곳저곳을 뛰어다니는 사람을 뜻하는 호퍼hopper를 합해 만든 단어로, 현대의 유목민이라고도 표현할 수 있다. 단어에서 유추할 수 있듯이 주소지를 옮겨가면서 사는 사람을 뜻한다. 즉 생활에 필요한 최소한의 물건으로 일정한 거처 없이 주거지를 바꿔가며 살아가는 사람을 뜻하는 신조어다. 짧게는 한 달, 길게는 수개월을 주기로 주거지를 지속적으로 바꿔가는 삶을 즐기는 사람들이 얼마나 될까 싶겠지만 벌써 이들을 타깃으로 하는 전문 부동산 중개소가 생겨날 정도로 일본에서는 시장이 한참 성장 중이다.

아도레스 호퍼의 대부분은 밀레니얼 혹은 Z세대이다. 일본 도심의 주거 비용이 너무 비싸고 또, 주거 공간이 획일적이라 개인의 취향을 반영하기 어렵기 때문에 외곽이나 지방에서 여유로우면서도 독특한 공간에서 생활하고 싶어하는 개성 강한 젊은 세대들의 경향과 잘 들어맞는다. 디지털의 발달로 언제 어디서든 인터넷만 있으면 일할 수 있는 구조도 한몫을 했다고 볼 수 있다. 사무 공간은 공유 사무실을 통해 해결할 수 있고 계절 변화에 따른 복장은 '에어클로젯'과 같은 구독 서비스로 필요한 만큼 원하는 지역으로 배송시키면 된다. 혹시 짐이 생기게 되면 물건을 보관 및 배달해 주는 서비스를 이용하면 되고 최소 하루 단위로 짐을 원하는 곳으로 보낼 수도 있다.

아도레스는 도심, 휴양지 등에 주거 공간을 마련해 두기도 하지만 주로 교통이 불편하거나 낡아서 임대가 잘 되지 않는 시골의 빈집을 사들여 주변의 경치와 잘 어울릴 수 있는 매력적인 디자인으로 리모델링 한다. 장기간 거주지를 옮겨 다니는 이용자의 가장 큰 문제점은 스마트폰 개통이나 직업을 구할 때 필요한 주민표다. 우리나라 주민등록증에 해당하는 주민표는 일정한 거주지가 있어야만 발급이 되기 때문에 이를 해결하기 위해 연간 회원에 한해 서비스 거점 중 하나를 자신의 고정 거점으로 지정할 수 있게 하여 이 주소로 주민표를 발급받을 수 있도록 부가 서비스를 운영 중이다. 그 뿐만 아니라 거점이 대부분 교통편이 불편한 곳이 위치해 있기 때문에 이를 해소하기 위해 전일본항공과 제휴를 맺고 항공권 정액제 서비스를 제공하기도 하고 차량 구독이나 무제한 환승 서비스와 연계하며 서비스 영역을 점점 넓혀가고 있다.

　디지털의 발달로 스마트폰이나 노트북을 활용하면 언제든 필요한 정보를 얻고 공유할 수 있게 되면서 꼭 도심이 아니더라도 어디서든 자유롭게 이동하는 삶에 대한 거부감이 없어지고 있다. 일과 주거에 있어 유목민처럼 자유롭게 이동하면서도 창조적인 사고를 갖춘 디지털 노마드가 실현되는 것이다. 국내에서도 늘어나고 있는 오래된 빈집들은 안전과 방범의 위험 지대로 문제가 되고 있는데 이러한 구독 서비스가 지역 경제도 살리고 이용자에게 새로운 체험을 제공할 수 있는 사례가 될 수 있을 것이다.

03 고객 맞춤 서비스로 매장을 구독하다

이제 쇼핑의 대세는 온라인 쇼핑이라고 해도 과언이 아니다. 우리는 스마트폰에서 몇 번의 손가락 터치만으로 간편하게 상품을 주문하고 손쉽게 결제할 수 있는 시대에 살고 있다. 온라인 쇼핑은 매우 편리하지만 아직도 개선해야 할 불편함이 있는데 바로 실제 매장처럼 상품을 직접 보고 선택할 수 없다는 것이다. 온라인에 떠 있는 상품 이미지만으로는 나에게 딱 맞는 상품을 고르기가 쉽지 않다. 특히 옷과 신발을 고를 때는 더욱더 그렇다. 통상적으로 S, M, L, XL 등으로 옷의 사이즈를 구분하긴 하나 회사나 브랜드마다 사이즈가 조금씩 다르다. 와이셔츠의 경우 같은 L사이즈라고 하더라도 브랜드별 팔 길이가 길거나 목 둘레가 짧기도 하고 반대의 경우도 있다. 신발의 경우도 발 길이와 발볼의 크기가 메이커별로 제각각이다. 그래서 아직도 옷과 신발은 오프라인 매장에서 직접 착용하고 구매하는 이용자가 많다.

이러한 상황을 반영하여 도쿄에서는 자신에게 딱 맞는 옷을 맞춤 제작해 입을 수 있는 '패브릭 도쿄'라는 의류 구독 서비스를 제공하고 있다. 이곳의 특징은 매장에서 옷을 팔지 않는다는 것에 있다. 매장에서는 사이즈를 재고 양복은 앱으로 주문을 하는 독특한 서비스를 제공한다. 단순히 사이즈만 추천해주는 것을 넘어서 디자인 및 소재 선택도 이용자가 할 수 있는 맞춤형 재단 서비스이다. 기존 맞춤 양복점에 디지털을 더한 것이라고 보면 이해가 쉽다. 패브릭 도쿄는 디지털을 통해 온라인과 오프라인을 서로 연결시켜 이용자에게 편리함을 제공한다. 매장에는 옷보다 원단이 더 많이 전시되어 있는데, 원단과 색상을 선택한 후 홈페이지에서 디자인을 결정하여 자신만의 옷을 만들 수 있다. 매장은 일종의 쇼룸인 것이다. 처음 방문한 이용자는 매장에서 치수를 재고 사이즈 정보를 등록하면 그 이후는 자신의 취향에 맞게 온라인에서 정장과 셔츠를 구입할 수 있다. 정장은 약 300개 종류, 셔츠는 80개 종류이며 평균 이용자 단가는 약 5만 엔이다. 우리나라 돈으로 환산하면 50만 원 수준이다. 주요 이용자는 직장인으로, 점심시간의 자투리 시간을 이용해 구입하러 오는 재구매 이용자 비율이 높다.

▶ 패브릭 도쿄 서비스_출처 패브릭 도쿄

태블릿에 제공된 패브릭 상세 내용을 보면서 오리지널 패브릭에 대한 배경을 설명해 주며 공식 웹 사이트와 연계해 검색도 가능하다. 원단마다 바코드가 붙어 있어 태블릿 단말기에 대면 원단의 상세한 정보가 제공된다. 패브릭은 크게 원단 종류와 색상으로 구분하며, 직접 손으로 만져 보면서 색상이나 감촉을 확인할 수 있도록 했다. 오프라인 매장의 최대 장점인 직접 보고 만져볼 수 있는 특성을 잘 살린 것이다. 다양한 패턴 디자인 등 여러 방면으로 자신의 취향에 맞게 연출해 주문할 수도 있도록 하여 이용자의 자유도를 크게 향상시켰다. 외근이 많은 직장인이나 야외 운동을 선호하는 사람에게는 신축성이 뛰어나고 착용하기 편안한 소재를 제안한다. 반면 내근이 많고 비활동적인 이용자에게는 몸에 딱 맞는 핏을 제안한다. 편안함보다는 스타일이 더 중요하다는 판단이다. 제안에 따라 이용자가 선호하는 패브릭을 선택하면 직접 만져보거나 디자인 등을 선택하고 최종적으로 의사 결정을 할 수 있다. 매장에서 태블릿으로 주문하면서 직접 설명을 듣고 고를 수 있는 스마트한 오더 방식이고 이 시스템 자체가 하나의 체험이 된다.

일본 현지에 총 16개 점포를 운영 중인데 실제 매장에서는 판매보다는 이용자가 사이즈를 측정하고 스타일이나 취미 등 이용자의 다양한 기호를 상담하며 데이터화 하는 것을 주요 목적으로 하고 있다. 한 달에 398엔을 지불하면 이용자의 신체 사이즈 변화에 따른 보정, 손상된 바지 수선 등의 서비스도 함께 제공받을 수 있다. 적은 비용으로 이용자에게 큰 부담을 주지 않으면서 이용자와 지속적으로 관계를 맺어가는 차별화된 전략을 보이고 있다.

04 일본은 집에서 마시는 홈술이 대세

       최근 일본에선 집에서 술을 즐기는 홈술이 인기를 끌면서 술을 사러 가지 않고도 원하는 맥주를 배달받을 수 있는 서비스에 관심이 높다. 우리에게 '기린 이치방 시보리'로 유명한 기린 맥주가 회원에게만 제공하는 맥주 배달 서비스 '기린 홈 탭Kirin Home Tap'을 서비스 중이다. 코로나19의 영향으로 우리나라도 점점 집 안에서 마시는 홈술이 인기를 얻고 있는데 일본에서는 캔 맥주, 병 맥주 등의 술을 직접 배달해주는 것이 아니라 맥주 배달을 위해 고안된 서버를 집에 설치하고 맥주는 신선도를 유지할 수 있는 기술을 이용한 페트병에 담아 배달하는 방식이다. 생맥주 기계의 기본 원리는 맥주 케그통을 쿨링하고 거기에 CO_2를 달아서 생맥주에 탄산감까지 부여하는 것인데, 그것을 작게 만들었다고 생각하면 된다.

▶ 기린 홈 탭_출처 기린 홈페이지

　　기린의 홈 탭 서비스는 자신의 라이프 스타일에 맞게 서비스를 선택할 수 있는데 최소 1년의 계약기간을 조건으로 맥주 서버는 무료로 제공된다. 다만 계약기간을 다 채우지 못하고 해지하는 경우는 위약금으로 16,500엔을 부담해야 하기 때문에 계약을 하게 되면 최소 1년간은 서비스를 이용해야만 한다. 서비스는 한 달에 두 번을 배달하는데 각각 월 4L코스와 월 8L코스로 나뉜다. 4L코스는 1L짜리 2개를 두 번에 나누어 배달하는 코스이고 8L코스는 1L짜리 4개를 두 번에 나누어 배달하는 코스다. 필요 수량을 자동으로 배달해 주는데 맥주 종류를 자유롭게 바꿔가며 선택할 수도 있다. 스테디셀러 맥주, 프리미엄 기간 한정 맥주, 크래프트 맥주 등 원하는 대로 변경 가능하다. 또한 집들이를 하거나 홈 파티를 하게 되는 경우는 맥주 추가 주문도 가능하다. 반대로 매달 고정적으로 배달받는 것을 다음 달로 연기하는 것도 가능한데 예를 들어, 주말에 외출이 정해졌다고 할 때 배달을 연기할 수 있다. 단 연속으로 3회까지는 연기 가능하나 4회 연속은 불가하다. 여러 종류의 맥주를 맛볼 수 있고 외출하지 않고도 집에서 간편하게 즐길 수 있어 시간도 절약되고 코로나19 환경에 딱 맞는 서비스로 성장 중이다. 서비스 신청은 사이트에서 웹으로 신청 가능하며 이용자의 정보를 입력하면 쉽게 사용할 수 있다. 단, 서비스 신청은 매달 20일 이전까지 해야만 하는데 20일이 지나게 되면 서비스 이용은 두 달 후부터 가능하다.

기린 홈 탭의 차별화 서비스는 바로 이용자에게만 특별하게 제공되는 프리미엄 수제 맥주다. 시중에 시판되는 일반 브랜드 맥주가 아닌 오리지널로 만들어진 한정 맥주로서 계절의 변화에 따라 사계절 다른 맥주를 제공한다. 기린은 이미 맥주 제조 기반 설비를 갖추고 있고 맥주 원료도 확보하고 있는 덕택에 기존 시중에서 판매하는 대중적인 맥주와 더불어 언제든 특별한 맥주를 만들 수 있는 것이다. 개성 있고 독특한 맥주에 대한 마니아 층만 형성된다면 업체 입장에서는 전혀 손해나는 장사가 아니다. 원료와 설비를 그대로 활용하면서 다양한 맥주를 선택적으로 생산해 볼 수도 있고 이용자의 입맛 취향을 데이터화할 수도 있다. 신제품 출시와 같은 경우 이러한 데이터를 활용할 수 있어 보다 안정적으로 제품 출시가 가능하다.

홈 탭의 맥주 용기는 스테인리스 통이 아닌 페트병을 사용한다. 원래 페트병은 맥주 품질을 저하시키는 요인 중 하나다. 하지만 기린 패키징 기술 연구소는 산소 투과를 막는 코팅 기술을 개발하여 페트병에 적용했다. 덕분에 가스 빠짐과 산화 열화 현상이 방지되어 맥주의 신선도를 지킬 수 있다. 페트병을 사용함으로써 작은 용량으로 배달할 수 있게 되었는데 아무래도 큰 용량으로 배달하게 되면 업체 입장에서는 배송비를 포함하는 물류비의 절약이 가능할지 모르나 이용자 입장에서 보면 신선도와 맛의 보장이라는 면에서 떨어진다. 병 입구 역시 서버와의 장착률을 높이기 위해 새로 디자인했다.

서비스가 시장에 안정적으로 안착되기까지 시행착오도 있었다. 맥주를 따르는 노즐의 뚜껑을 꽉 닫지 않으면 가스가 빠져나와 생맥주만의 고유한 시원한 탄산 맛이 나질 않는데 맥주통 서버 사용이 익숙하지 않은 가정주부들의 경우 노즐만 연결한 채 맥주를 따라 마시는 경우가 빈번했던 것이다. 또한 노즐의 길이가 짧아서 책상 위나 식탁 등에 올려놓고 사용하기가 쉽지 않은 문제점도 있었다. 서비스를 1년 넘게 중단하고 서버를 새롭게 개발한 이후 다시 서비스를 개시했다.

국내에서도 주류 배송 서비스가 등장했지만 현재는 주세법에 막힌 상태다. 전통주와 같은 특정 제품만 예외적으로 배송이 허용되는데 국세청 고시에 따르면 생산자 단체가 직접 생산하거나 농림축산식품부장관의 제조면허 추천을 받은 주류만 온라인에서 판매할 수 있다. 각종 지역 특산물인 막걸리나 전통주가 이에 해당되며 일반적으로 기업에서 대량 생산 판매하는 소주, 맥주는 제외다. 그러나 소주와 맥주가 예외적으로 배달이 되는 경우도 있는데 음식과 함께 주문하는 경우에 한해서 허용된다. 직접 조리한 음식에 부수해 주류를 배달하는 것은 예외로 인정된다. 치킨이나 피자 등을 배달시키면 생맥주까지 함께 주문할 수 있는 이유다. 단, 배달 음식 가격의 50%를 넘지 않아야만 한다. 치킨이 2만 원인데 맥주가 1만 원을 넘겨서는 안 된다는 얘기다. 우리나라도 주세법이 개정되어 술을 배달할 수 있게 된다면 기린의 사례는 참고할 만하다. 단순히 정기적인 배달만으로는 서비스 차별화를 할 수 없기 때문에 제조 기반을 갖고 있는 제조사의 서비스 차별화 혹은 생산자와 주문자를 연결하는 플랫폼 방식을 적용해 본다면 시장에서 주목받는 구독 모델이 될 수 있을 것이다.

05 에브리 패스 자판기 음료 구독 서비스

　　일본은 길어진 경제불황으로 조금이라도 저렴한 곳을 찾는 사람들이 늘면서 구독 모델의 경제성과 결합한 구독 자판기라는 새로운 아이템이 등장했다. 특히나 일본은 자판기 천국이라고 불리는데 어디를 가나 자판기를 볼 수 있으며 종류도, 특색도 다양하다. 넥타이 자판기, 초밥 자판기, 아이스크림 크레페 자판기, 심지어 자동차를 구입하는 자판기도 있다. 실제 시부야 역에는 경차 자판기가 있어 미니어처 모형을 뽑아 실제 센터에 가져가면 실물과 교환할 수 있다. 이처럼 자판기 천국인 일본에서 월정액 980엔을 지불하면 자판기 속 음료수를 하루에 한 캔 매일 마실 수 있는 서비스가 인기다. 구독 모델을 자판기에 적용한 것인데 일본 JR 동일본 워터 비즈니스에서 운영하는 자판기 브랜드인 아큐어Acure의 '에브리 패스Every Pass' 서비스이다.

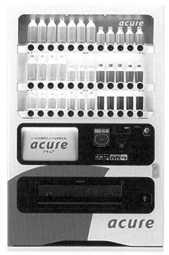

▶ 에브리 패스 자판기_출처 Acure 홈페이지

에브리 패스는 크게 두 가지의 형태로 서비스를 운영하고 있는데 기본 모델과 프리미엄 모델로 구분된다. 기본 모델은 월 980엔을 지불하고 아큐어의 오리지널 브랜드 음료를 이용할 수 있으며, 프리미엄 모델은 월 2,480엔을 지불하면 아큐어의 오리지널 음료뿐만 아니라 타사 브랜드 음료까지도 이용할 수 있다. 기본 모델이 가성비에 중점을 두었다면 프리미엄 모델은 이용자가 원하는 다양한 음료를 마실 수 있도록 선택의 폭을 넓힌 것이 특징이다. 일본 자판기 음료수 평균값이 약 150엔인데 보통 한 달 30일 동안 150엔의 음료를 매일 마신다고 가정하면 4,500엔이지만 에브리 패스를 이용하면 대략 40% 정도 비용을 절약할 수 있다. 자판기로 판매되는 음료수 가격대를 감안하면 구독 서비스 이용으로 비용 절감 효과를 볼 수 있다. 또한 자판기 특성상 직장인의 출퇴근길, 학생들의 등하교길에 오고 가며 손쉽게 이용하는 경우가 많은 만큼 비용적으로 합리적일 뿐만 아니라 편리하기까지 하다.

이용 방법은 서비스를 결제하면 전용 스마트폰 앱으로 하루에 한 번씩 QR 코드가 전송된다. QR 코드를 자판기에 대고 원하는 음료수를 고르기만 하면 된다. 발행된 QR 코드 유효기간은 하루이기 때문에 깜박 잊고 사용하지 못하면 그날 발행된 QR 코드는 자동으로 소멸된다. 지인에게 QR 코드를 선물하거나 양도는 불가능하다. 본인만 사용할 수 있으며 만약, 양도를 한 사실이 알려지면 서비스 패널티가 적용된다. 우리나라와 다르게 신용카드 결제 비율이 현저하게 낮은 일본은 현금이나 동전을 주로 사용하는데 QR 코드를 통한 결제 방식은 지갑에서 동전이나 현금을 꺼내야 하는 불편함을 해소하는 효과도 있어 이용자들에게 즐거운 경험을 준다. 일본에서 2019년부터 캐시리스 서비스를 도입하고 신용카드, QR, 전자머니와 같은 결제를 권장하고 있는 사회적 분위기와도 맞물려 이슈가 되기도 했다.

다만 JR 동일본 철도를 이용하는 사람에게는 가치 있는 서비스일지 모르나 다른 철도를 이용하는 사람에게는 아직 범용성이 부족하다. 우리나라의 경우 나라에서 운영하는 국철 중심인데 반해 일본은 다양한 민간기업이 운영하는 철도인 사철이 운영된다. 일본의 JR은 국철이며 그 외의 철도는 사철이다. 한정된 이동 공간에서만 사용할 수 있는 에브리 패스는 범용성을 어떻게 확장하느냐가 숙제가 된다. 또한 기본 모델을 이용한 후 한 달이 지나면 강제적으로 프리미엄 모델로 결제 방식이 변경되는데 이 또한 고민해야 할 문제이다. 이용자 중심으로 생각하지 않고 서비스 제공자 중심으로 생각한 결과이다. 또한 현실적으로 에브리 패스의 QR 코드를 복사해서 다른 사람에게 선물로 준다고 해도 시스템상에서 이를 걸러낼 수 있는 방법은 없다. 따라서 회원 간에 양도를 할 수 있도록 허용하거나 또는 회원가입을 하지 않은 사람에게 회원가입을 조건으로 QR 코드를 선물할 수 있도록 한다면 보다 회원 수를 늘리고 관련 서비스를 홍보하는 효과를 볼 수 있을 것이다. 당일 서비스를 이용하지 못해 생긴 금액을 모으게 되면 기업 입장에서는 낙전 수익이 생길 수는 있겠으나 향후 비즈니스 확장성을 고려한다면 아쉬운 부분이 아닐 수 없다. 현재 국내에서 운영 중인 스타벅스의 경우 별 12개를 모으면 무료 음료 쿠폰이 하나 생성되며 그 쿠폰을 지인에게 언제든 선물할 수 있도록 운영하고 있다. 결제 방식의 다양화, 서비스 범용성 확대를 기반으로 하는 이용 편리성, QR 코드 선물하기 기능 추가를 통한 서비스 확장성이 필요해 보인다. 그럼에도 불구하고 일본 특유의 자판기 문화를 구독 모델과 접목하여 성공한 사례라고 볼 수 있다.

06 자동차 구독 서비스 토요타 자동차 킨토

저출산 고령화와 젊은 세대의 수입 감소로 앞으로 자동차를 소유하고자 하는 사람의 수가 줄어들 것이 예상되는 가운데 자동차 시장을 활성화하고자 일본은 자동차 분야에도 구독 서비스를 도입하고 있다. 실제로 일본의 최근 신차 판매 수는 절정기였던 1990년대와 비교하면 대략 70% 수준으로 떨어졌다고 알려진다. 이러한 시기에 일본 자동차 업계에서도 구독 모델을 접목한 서비스가 나오고 있는데 그중 자동차 브랜드 1위 토요타 자동차가 제공하는 구독 모델인 '킨토' 서비스가 가장 유명하다. 킨토라는 이름은 중국 소설 서유기에 등장하는 근두운筋斗雲의 일본어 발음인 킨토에서 유래되었다. 근두운처럼 필요할 때 즉시 나타나 마음대로 이동하고 불필요해지면 언제든 돌려보낼 수 있는 자유롭고 편리한 모빌리티 서비스를 제공하겠다는 의미를 가지고 있다.

▶ 토요타 킨토 서비스_출처 토요타 홈페이지

    킨토 서비스는 크게 킨토 원과 킨토 셀렉트로 구분된다. 킨토 원은 토요타 5개 모델 중 1개를 선택하여 3년간 리스 형태로 이용하는 것으로 대상 모델은 프리우스, 코롤라, 알파드, 벨파이어, 크라운 등이다. 킨토 셀렉트는 토요타의 고급 하이엔드 모델인 렉서스 6개 모델을 6개월마다 바꿔 타는 방식으로 각 모델의 트림, 옵션, 색상을 취향에 맞게 정할 수도 있다. 고급 모델인 렉서스를 매월 19만 4천 엔으로 6개월마다 바꾸어 타며 3년간 총 6대의 차를 이용할 수 있는 서비스다.

    통상 자동차와 같은 고가 상품의 경우는 렌탈형과 구독 모델의 개념 차이를 이해할 필요가 있다. 렌탈은 앞서 설명한 것처럼 매월 일정 금액을 지불하고 계약 기간 등의 조건이 충족되었을 때 해지를 할 수 있는 금융 서비스로 인식되지만 구독은 렌탈형에 비해 해지가 자유롭고 고객 관점에서 서비스를 구성한다는 점이 차이가 있다. 자사가 만든 제품을 판매하는 방식의 차이를 둔 것이 렌탈인데 차 값을 받고 판매를 하거나 렌탈로 매월 일정 금액을 받는 방식이다. 구독은 렌탈과 동일하게 매월 일정 금액을 받지만 좀 더 고객 관점이다. 예를 들어 토요타의 킨토 모델은 매월 일정 금액을 지불하고 토요타 차량의 다른 모델을 번갈아 이용할 수 있는데 향후 구독 모델은 이용 대상이 자사 보유 차량으로 한정되지 않고 고객 관점에서 다른 브랜드의 차량도 함께 이용할 수 있도록 할 필요가 있다. 또한 렌탈의 경우 보통 직접 구매하는 것과 렌탈을 이용하는 것 중에 어느 쪽이 더 유리할지를 고민하게 되는데 당장 자동차를 선택해야 하는 입장이라면 킨토 구독 서비스를 이용하는 것과 실제 차량을 구매하여 이용하는 것 중 어느 쪽이 더 좋은 방법일지 생각해 봐야 한다. 일정 기간마다 자동차를 바꿔 탈 수 있다는 것은 장점일 수 있으나 비용적인 측면은 다를 수 있기 때문이다. 실제로 킨토 서비스를 이용하여 프리우스 차종을 선택했을 시 신차 가격은 300만 엔, 킨토 서비스를 3년간 이용한다고 하면 166만 엔이다. 신차를 3년 후에 중고차로 판매한다고 할 경우 감가상각비를 50%로 잡기 때문에 반 값에 팔면 150만 엔을 부담하게 된다고 가정할 수 있다. 여기에 차량 가격 이외의 보험료 등 여러 가지 제반 비용을 합하면 총 비용은 킨토 서비스를 이용한 가격이 조금 유리하다. 서비스를 이용할 경우 월정액이 고정적이기 때문에 목돈이 들어가는 급한 가계 지출은 신경 쓰지 않아도 되며 서비스에서 지급하는 아이사라는 포인트를 통해 연간 최대 1만 2천 엔을 보상받을 수 있다. 아이사 포인트는 에코 운전 즉, 엑셀과 브레이크의 운전 습관을 종합하여 3개월 단위로 3천 엔까지 적립 가능하다. 연간 단위로 지급되는 포인트로 운전자가 에코 운전이 습관화되어 있다면 서비스 기간 중에 최대 3년간 3만 6천 엔을 포인트로 지급받을 수도 있다. 물론 현금으로도 교환 가능하다.

토요타 입장에서는 구독 서비스를 통해 신차를 3년 주기로 바꾸어 타는 흐름이 정착되면 새롭게 개발된 신기술을 지속적으로 적용할 수 있는 안정적인 대상을 확보할 수 있게 된다. 자동차를 제조하여 판매하는 것으로 고객과의 관계가 끝나는 것이 아니라 구독 모델을 접목한다면 지속적인 관계 유지가 가능하다. 새로운 기술을 끊임없이 연구하는데 이 새로운 기술을 사용해 볼 수 없다면 아쉬울 수밖에 없다. 그러나 구독을 접목한다면 다양한 운전자의 선호도를 파악하는 것은 물론이고 개발된 신기술을 접목하고 생산 설비를 계속해서 안정적으로 운영할 수 있게 되어 기업 운영 측면에서도 효과적일 것이다. 제조 기반의 회사에서 다양한 분야로 서비스를 확대하는 계기가 될 수도 있다. 구독을 통한 긍정적인 선순환 구조뿐만 아니라 수리 혹은 점검 등의 유지 보수와 같은 사업은 기본이고 차량 구독 시 보험 가입, 할부, 대출 등의 금융 분야의 비즈니스로도 확대가 가능하다.

07 맞춤 영양제로 나의 몸과 건강 챙기기

바쁜 현대인의 일상에서 건강은 가장 중요한 키워드이며 최대의 관심 사항이다. 그럼에도 생각만큼 자신의 건강을 챙긴다는 것은 쉬운 일이 아니다. 기껏해야 종합 비타민을 사서 먹는 정도에 만족하거나 때론 방송에 나오는 의사들의 의견에 따라 필요 영양소를 적어 두었다가 근처 약국에서 영양제를 구매하는 것이 전부일 것이다. 영양제 종류는 너무 많은데 그걸 다 먹을 수도 없고 나에게 필요한 게 무엇인지 쉽게 알 수 없다. 이럴 때, 나에게 꼭 필요한 영양소는 무엇이고 또 영양소는 어떻게 제대로 섭취해야 하는지 알려주는 서비스가 있다. 맞춤 영양제 구독 서비스인 '필리'이다. 개개인의 식습관 및 라이프 스타일 등 여러 요인들에 따라 부족한 영양소가 모두 다를 수밖에 없는데, 이를 고려하여 개인에 맞게 채워주는 서비스라고 할 수 있다.

　　필리를 시작하면 제일 먼저 하게 되는 것이 간단한 건강 설문이다. 내가 불편을 겪고 있거나 걱정되는 것을 선택한다. 예를 들어 혈액순환, 소화, 피로감을 택한다고 할 때 '자고 일어나도 아침부터 피곤해요', '신경이 예민하고 잠을 이루기 힘들어요' 등 각각의 분야에 맞는 질문이 추가로 나열된다. 3분 남짓 소요되는 설문을 하면서 자신의 몸이 보내는 신호들을 하나하나 생각해 볼 수 있다. 설문 결과로써 칼슘, 마그네슘, 비타민D, 비타민B, 오메가3와 같은 영양제가 개인에 맞게 추천된다. 결과표에는 각각의 영양제가 어떤 역할을 하고 왜 필요한지 자세히 표시된다. 앱 설문을 통해서 자신에게 필요한 영양 성분을 파악하고 수집된 데이터를 기반으로 해당 전문가들이 참여하여 만든 알고리즘을 통해서 필요한 영양 성분을 찾아 영양제를 추천하고 정기적으로 배송하는 것이다. 영양제는 모두 자사에서 직접 개발한 제품으로 GMP 인증시설에서 제조 및 식약청에 허가를 받은 건강기능식품들로 구성된다.

큐레이션도 중요하지만 매달 꼬박꼬박 돈을 내고 구독한다면 가격적인 메리트 또한 중요한 요소가 되어야 한다. 구독 서비스를 이용할 경우, 매달 일일이 체크하지 않아도 매월 정해진 날짜에 배송받을 수 있도록 하고 설문하면 10% 할인, 매회 배송 시 1% 누적 할인, 친구 추천 시 5% 할인과 다양한 포인트 제도를 제공한다.

또한 스마트폰으로 섭취 알람, 배송일 조정, 상담사 연결 등 다양한 부가적인 서비스를 제공하여 이용자와의 지속적인 관계를 유지한다. 건강은 하루 아침에 해결되는 문제가 아닌 만큼 지속적인 관계 유지가 중요하다. 구매 후 올바른 섭취 습관을 가질 수 있게 자사의 플랫폼을 활용하여 영양제 섭취를 체크할 수 있도록 돕는다. 정기 구독을 시작하고 이후 언제든 홈페이지를 통해 쉽게 해지할 수 있도록 했다. 이것은 그만큼 서비스에 대한 자신감과 함께 이용자를 배려한 것이다. 만약 한 달분의 영양제를 다 먹지 못했을 경우는 결제일을 변경할 수 있도록 하여 기존에 배달된 영양제를 모두 복용하고 난 이후 다시 배송을 받을 수 있는 시스템을 갖추는 등 세밀한 고객 관점의 서비스를 제공한다. 또한 매달 자동적으로 정기 결제되는 것에 대한 이용자의 부담을 줄이고자 정기 결제 2일 전에 미리 결제 알림을 카카오 알림톡을 통해 알려주는데 이때, 결제 금액과 주소를 다시 한 번 확인할 수 있다. 또한 바로 취소도 가능하도록 시스템을 구성하여 이용자의 편의성과 자유도를 최대한 배려하고 있다. 이것은 정기적이고 반복적인 이용자와의 관계가 중요한 구독 서비스 아이템으로써 어쩌면 최상의 사례라고 볼 수 있을 것이다.

08 반려동물을 위한 건강 용품도 편리하게 챙겨주는 서비스

1인 가구의 증가와 함께 반려동물 인구 역시 늘어나는 추세다. 반려동물과 함께 사는 국내 반려인이 1,000만 명을 넘어 이제는 1,500만 명을 바라보고 있다. 실제로 지난 통계청 인구총조사에 따르면 반려동물을 키우는 집은 566만 가구로, 전체 2천 만 가구 중 25% 이상이 반려동물을 키우는 것으로 알려졌다. 4가구 중에 1가구가 반려동물을 키우는 것이다. 이러한 반려인을 대상으로 한 '돌로박스'는 수의사들이 매월 반려견의 신체 변화와 생활 패턴 변화를 고려하여 가장 필요한 간식, 용품, 장난감 제품들을 수의학적 근거에 따라 찾아내고 제작하여 제공하는 구독 서비스이다. 계절별 70여 종의 상품으로 다양하게 구성되어 있는데, 이 중에 이용자가 직접 골라서 받아보는 선택형 정기배송 서비스로 콜드체인에 준하는 배송 시스템을 도입하여 운영하고 있다. 개인 맞춤형으로 반려견을 건강하게 양육하고 싶은 보호자를 위해 프리미엄 신선 간식과 필수 건강 용품 및 장난감을 직접 기획·생산하여 제공한다.

▶ 돌로박스 서비스_출처 돌로박스 홈페이지

　간식, 산책용품, 배변용품, 급여용품, 기능성 의류, 실내용품, 의약외품 등 사료를 제외한 전 카테고리의 상품들로 구성되어 있으며, 매달 7~8개의 새 상품이 배송된다. 월정액 비용은 1년을 기준으로 간식 포함 월 34,900원으로 가격 경쟁력 면에서 충분하다. 고품질의 간식과 필요한 용품 등을 받아볼 수 있어 서비스를 시작한 이후, 총 1만 명 이상의 유료 회원을 확보하고 있을 정도로 반려동물과 반려인들의 만족도가 매우 높다.

　특히 반려동물에 따라 각각 입맛과 취향이 천차만별이라 입맛에 맞지 않는 간식을 받았을 경우에는 먹지 않고 버려질 가능성이 있기 때문에 배송 전, 언제든 구성품을 자유롭게 변경할 수 있도록 서비스에 유연성을 두고 있다. 즉, 보호자가 제품 구성을 자유롭게 변경해 원하는 제품만 선택해서 받아볼 수 있도록 배려한다. 매월 셋째 주 일요일에는 다음 달 박스 구성 및 내용물을 확인할 수 있도록 문자를 발송한다. 이때, 매달 바뀌는 70여 종의 제품을 사전에 확인할 수 있으며 상품 구성의 변경을 요청할 수 있다. 또한 정확한 상품 구성을 위해 반려동물의 몸무게, 알레르기와 같은 세부 정보를 주기적으로 업데이트 하도록 하여 지속적인 구독 서비스가 가능하도록 이용자와의 관계를 돈독하게 유지한다.

돌로박스는 톡톡 튀는 아이디어로 사업적 기반을 넓히기도 한다. 더운 여름에는 강아지 전용 아이스 조끼를 입혀 산책을 나가기도 하는데 시중에 판매되는 아이스 조끼는 시원함이 오래가지 않는다는 단점이 있었다. 이런 단점을 개선해서 3중 레이어 메시 형태로 아이스팩을 내장할 수 있게 만들어 냉기기 유지되는 기간을 늘린 제품을 출시하기도 하였으며, 지방선거 때의 사회적 이슈를 살려 기표소 장난감을 만들어 인기를 끌기도 했다. 돌로박스는 반려동물 시대의 흐름을 읽고 정기 구독 서비스 모델을 접목한 것으로 이용자의 궁금증을 해결하는 것에서부터 서비스를 시작했다. 임상 수의사, 행동학, 영양학, 안과/치과 등 실제 다양한 분야의 전문가들이 회사 소속으로 근무하며 전문적인 정보를 제공하는 특색 있는 구독 서비스라고 할 수 있다.

디지털과 패션의 만남 스티치픽스

빅데이터와 인공지능의 활용이 고객별 맞춤 추천을 시작으로 제품 개발, SCM, 제조, 유통 등까지 확대되고 있다. 특히 이용자 취향에 따라 선호하는 제품이 다양한 패션 산업은 이러한 변화의 최전선에 위치하고 있다. 제품의 치수, 색상, 패턴, 재질, 브랜드, 가격뿐 아니라 이용자가 표현하기 어려운 제품에 대한 모호한 생각까지 다양한 변수들을 데이터로 변환하고 분석해 활용한다. 이미 Zara나 H&M 등 패스트패션 선도 업체들은 고객의 유행 변화를 빠르게 파악하기 위해 데이터 과학 분야에 투자를 확대하고 있으며, 아디다스는 한 걸음 더 나아가 인공지능 및 스마트팩토리를 도입하여 개인 맞춤 운동화 제작을 추진 중이다.

'스티치픽스'는 기성 의류 업체들의 옷을 구매하여 창고에 보관하고 있다가 알고리즘 분석 결과와 스타일리스트의 의견을 조합해 소비자 스타일에 적합한 제품을 선별하여 우편으로 제공하는 구독 서비스 기업이다. 신체 정보, 좋아하는 날씨, 사는 지역, SNS 정보, 인스타 사진과 같은 다양한 정보를 입력하면 나의 스타일에 맞는 5벌의 옷을 보내준다. 금액은 20달러 정도이다. 옷은 기본적으로는 빅데이터 분석 및 인공지능 알고리즘을 통해서 추출한 데이터로 선별하지만 최종적으로는 실제 스타일리스트가 판단한다. 디지털 시스템과 아날로그 전문가의 감성이 결합된 협업 구조이다.

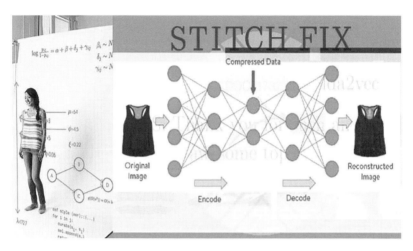

▶ 스티치픽스 서비스 알고리즘_출처 스티치픽스 홈페이지

구매는 입어보고 나서 결정을 할 수 있는데 배달된 5벌을 한꺼번에 다 구매할 수도 있고 마음에 드는 한 벌 만 구매할 수도, 아니면 전부 반송할 수도 있다. 흥미로운 것은 한 벌만 구입해도 회원가입 때 선결제한 20달러는 다시 돌려준다는 것이다. 5벌을 모두 사면 전체 구매 금액에서 25%를 할인해 주고 전부 반송을 하게 되면 선 결제된 20달러는 반송비가 된다. 이용자에게 보내졌던 5벌 중에 다시 되돌려 받은 옷은 분석을 거친다. 5벌 전체를 반송받은 경우 또는, 일부만 반송된 경우 그 이유를 분석한다. 추천을 통한 배송이 의도한 것과 실제 이용자의 반응을 살피기에 가장 좋은 방법이다.

반품 시에 물품별 사이즈, 스타일, 품질, 핏, 가격 항목에 대해 온라인 평가를 받아 이용자의 정보를 보완하고 매칭 시스템에 반영한다. 이를 통해 디지털 알고리즘의 수정해야 할 부분을 발견하거나 큐레이션 전문가의 추천에 미흡한 부분을 찾을 수 있다. 설문 문항의 디테일이 부족하다면 이를 반영하여 정기적인 시스템 업그레이드를 진행한다. 매칭 정확도 향상뿐만 아니라 물류·배송 최적화, 재고 관리, 수요 예측 등 각 영역에서 데이터 활용도를 높여가고 있는 중이다. 미국 내 물류 창고에서 배송하기 위한 최적 경로 파악, 고객 수요와 배송지를 고려한 각 창고별 재고 관리, 계절 및 트렌드 변화에 따른 수요 예측 등의 다양한 활동에서 알고리즘과 분석 기법을 도입하여 프로세스를 개선한다. 일반 대중에게 많이 팔릴 수 있는 제품을 만들기 위해 평균적이고 추세적인 이용자 데이터를 수집하는 기존 의류 업체와 달리, 개별 이용자 선호도를 세분화하여 데이터를 수집하고 구매 과정에서 의견을 지속적으로 받아 데이터 분석 시스템을 학습, 발전시켜 나가고 있다. 기존의 패스트패션 업체는 옷을 만들어 파는 제조업체로서 데이터를 하나의 수단으로 생각한다. 즉, 디자이너가 새로운 의류를 만드는데 필요한 보조 자료로써 대중의 트렌드나 경쟁사 제품을 파악하는데 데이터 분석을 주로 활용하고 있다.

하지만 스티치픽스는 이용자에게 기성 의류 제품을 선별해 제공하는 업체로, 데이터 분석을 통해 매칭 정확도와 효율성을 최대한 높이는 것을 중요하게 생각한다. 따라서 의류를 제작하는 디자이너보다 알고리즘을 설계하고 데이터 분석 결과로부터 인사이트를 찾아내는 데이터 중심의 사고를 지향하는 서비스를 목표로 한다. 구독 서비스를 데이터 기반으로 발전시켜 정확도와 함께 이용자 만족도를 향상시킨 모델이다. 이런 이유로 회사를 패션 중심의 뉴욕이 아니라 데이터 과학자 확보가 쉬운 샌프란시스코에 두고 있다. 전체 인원 6,600여 명 중에 석박사 학위를 지닌 125명 이상의 데이터 과학자가 본사인 샌프란시스코에서 근무 중이다. 나머지 5,100여 명에 달하는 스타일리스트는 파트 타임으로 대부분 재택 근무다. 패션도 감성이 아닌 데이터에 근거할 수 있다는 신념을 기반으로 분석된 데이터를 패션 구독 모델을 접목하여 서비스한다.

결국 구독 모델의 성공은 이용자의 취향을 어느 정도 정확하게 확신할 수 있느냐가 관건이며 그 기반에는 인공지능, 빅데이터 등이 포함되는 디지털 기술이 있다. 이러한 기술은 이용자를 더 자세하게 들여다볼 수 있도록 하며, 이것은 서비스 차별화로 이어진다. 기존 패션은 사람의 감성적인 측면이 많이 강조되던 분야였다. 유행이라는 명분하에 비슷한 이미지의 옷들이 대다수 사람들의 공감을 얻으며 판매되었다. 하지만 스티치픽스는 감성보다도 철저하게 데이터에 기반한 분석을 통해 구독 모델을 시장에 접목 중이며 알고리즘과 빅데이터를 통해 비용, 예산, 스타일, 신체 치수에 따라 개인 맞춤형 스타일링 서비스를 제공해 소비자들의 마음을 사로잡았다.

10 화장품 구독 서비스 TOUN28

끊임없이 업그레이드되는 화장품 시장에서 소비자들은 어떤 제품을 사야 할지 고민이 많다. 시시각각 변화하는 피부 상태에 따라 제품을 검색하고 비교하다 보면 피로감이 몰려온다. 화장품 정기 구독 서비스는 이러한 불편함을 해소시킨다. 주로 브랜드에서 선정한 제품을 담은 뷰티 박스 형태로 제공되었던 예전과 달리 최근에는 맞춤형이라는 키워드를 내세운다. 현재 내피부 컨디션을 세심하게 진단한 결과를 바탕으로 제품을 처방하거나 화장품을 제조한다. 일률적인 구매가 아닌 개개인의 피부 상태를 고려한 서비스로 변화하고 있는 것이다.

맞춤형 화장품은 개인의 피부 상태, 선호도 등을 반영해 개인별 진단 결과에 따라 성분을 혼합 또는 소분해 제공하는 것으로, 국내 대표적인 기업으로 'TOUN28'이 있다. 아모레퍼시픽이 처음 투자한 회사이기도 한 TOUN28은 이마와 코는 T존, 눈가는 O존, 턱 선은 U존 그리고 입가는 N존으로 구분하여 부위별로 관리가 필요하다는 뜻을 지니고 있다. '28'은 28일마다 변하는 기후, 피부 세포주기, 여성의 생리 주기를 반영하여 28일마다 서비스를 제공한다는 의미를 담고 있다. 홈페이지에 접속한 후 맞춤 구독 신청을 하면 비대면 유선 상담 또는 대면 상담을 선택할 수 있다. 대면 상담은 지하철역 인근 카페 등 교통이 편리하고 고객이 선호하는 지역에서 이루어진다. 예를 들어 공덕역, 6월 4일이라고 고객이 날짜를 정하면 해당일에 약속 장소에서 직접 고객의 피부를 진단한 후 계절, 날씨 데이터 알고리즘을 반영하여 개인별 맞춤 화장품을 제조하고 매월 개인별 맞춤 성분이 포함된 화장품을 배송한다.

▶ 톤28 홍보_출처 톤28 홈페이지

서비스는 월 39,000원과 월 100,000원으로 스탠더드와 프리미엄으로 나뉜다. 무료 피부 진단의 경우 스탠더드 서비스라면 최초 1회 무료, 프리미엄 서비스는 상시 케어 서비스가 제공되며 스탠더드 회원이 받는 할인 혜택의 두 배인 20% 할인 혜택이 별도로 주어진다. 화장품 성분은 천연과 천연 유래 성분으로 99%를 채우고 시중 화장품에 흔히 쓰이는 합성 방부제, 합성 향, 합성 색소 등 합성 성분을 최소화했다. 화장품 용기도 우유 팩처럼 내용물이 닿는 안쪽을 PE 재질로 만들어 스미거나 새는 것을 방지하고 종이와 토출구를 연결하는 접착 부분은 식음료 패키지 제작에 사용되는 안전한 접착제를 사용하여 종이 용기로 만들었다. 이것은 일반적으로 플라스틱 용기를 주로 사용하는 다른 브랜드들과는 차별화한 방법이다. 피부에 직접적인 영향이 있는 화장품 용기가 친환경적이라는 것은 매달 정기적인 구독을 하는 이용자 입장에서 볼 때 브랜드에 대한 신뢰로 이어진다. 아울러 제품 수를 단순화하여 여러 가지 제품을 덧바르는 것이 아니라 필요한 성분을 제때 공급하는 것에 초점을 둔다. 자외선 지수가 높을 때, 미세먼지가 많을 때, 온도가 급격하게 떨어질 때 등 외부 환경에 따라 피부의 상태가 매달 달라지는데, 이러한 피부를 미리 예측하여 관리할 수 있다.

맞춤 화장품은 구독 모델과 결합하면 충분한 시너지가 기대되는 분야 중 하나이다. 뷰티 구독 서비스는 스타트업에게 새로운 기회일 수 있다. 배송 중심의 서비스로도 충분히 경쟁력을 갖출 수 있기 때문이다. 과도한 투자가 필요한 오프라인 매장을 굳이 갖고 있을 필요가 없으며 H&B 스토어 입점도 필요 조건이 아니다. 또한 이름이 알려지지 않은 신생 뷰티 브랜드라 하더라도 개성이나 제품 경쟁력만 뛰어나다면 대기업과의 경쟁에서도 충분히 승산이 있다. 다수의 고객을 상대하는 대중적인 대기업과 달리 맞춤형 서비스가 가능하며 피부가 민감하고 특히, 다양한 브랜드에서 나만의 화장품을 찾는데 고민이 많은 고객에게 자신의 피부 진단을 통해 맞춤 화장품을 제안할 수 있는 큐레이션 분야이기 때문이다. 최근 아모레퍼시픽, LG생활건강 등 대기업은 정부의 샘플 판매 금지 방침에 따라 제품 판매 마케팅이 한정적일 수밖에 없는 상황인데, 이것이 오히려 스타트업에게는 또 다른 기회의 발판이 된다. 톤28의 구독 서비스도 이러한 사회적 기회를 통해 성장 중이다.

맞춤형 화장품 서비스 제공에 대해 고려해야 할 부분도 있다. 그것은 이미 허가를 받은 원료와 성분을 섞어 쓰는 레이어링과 비교하면 큰 차별점이 없다는 것이다. 레이어링의 경우 톤28의 전문가 도움 없이 레시피만 보고도 만들 수 있기 때문이다. 따라서 레이어링과 어떻게 치별화할 것인가에 대한 것이 중요한 고려사항이 된다. 이때 고민해 볼 수 있는 새로운 구독 모델이 DIY 키트를 판매하는 방법일 수 있다. 예를 들어 스킨과 에센스, 로션과 크림의 경우 성분은 똑같고 단지 점도의 차이만 있다면, 피부에 맞는 제품을 골라 전문가의 도움 없이 본인의 선택에 따라 제품만 구독하도록 하는 것도 해결책이 될 수 있을 것이다.

11 재해 예방 비상식량 이색 구독 서비스

        지진, 태풍, 쓰나미 등 해마다 끊이지 않는 자연재해로 큰 피해를 겪고 있는 일본에서는 언제 일어날지 모르는 위험에 대비하기 위한 방재 대책이 일상생활에서 중요한 요소로 자리 잡고 있다. 일본 거리를 걷다 보면 건물 유리창에 붙은 빨간색 역삼각형 표시를 쉽게 볼 수 있는데, 이는 '소방관 진입용 유리창'으로 화재가 발생하면 소방대원들이 이 유리창을 통해 건물에 갇힌 사람을 손쉽게 구조할 수 있도록 만들어진 것이다. 위급한 사람을 구조하는 역할로 사용되기도 하지만 지진 등 위급 상황일 때 안에 갇혀 있는 사람이 밖으로 탈출할 수 있도록 사용되는 통로의 역할을 하기도 한다. 보통 웬만한 고층 건물 유리의 경우 사람의 힘으로 깨고 밖으로 탈출하는 것은 상상할 수 없는 일이지만 이 유리는 쉽게 깨질 수 있는 재질로 제작되었다.

▶ 비상 표시 창문_출처 choifoxx 블로그

일본은 호텔, 여관 등 대형 건물 화재가 잇따르자 건축기준법을 개정해 건물 3층 이상, 33m 이하에는 소방관 진입용 유리창을 설치하도록 의무화하였다. 창문을 여닫을 수 없는 통유리 건물에도 별도로 설치하고 누구나 식별하기 쉽게 빨간색 역삼각형으로 표시해 두었다.

이외 자연재해 등의 비상 상황에 가장 중요한 것은 먹는 음식일 것이다. 따라서 장기간 보관할 수 있는 상품을 별도로 구매하여 각 가정마다 보관해 둔다. 이러한 비상식량 시장에도 구독 모델을 접목한 변화의 바람이 불고 있다. 인스턴트 라면과 같이 오랜 기간 상온에서 보관할 수 있는 음식을 기본으로 순환 비축 식량에 구독 모델이 가미되고 있다. 순환 비축 식량이란 개인이 일상생활에서 자주 소비하던 식품을 비상식량으로 비축하는 것을 말한다. 인스턴트 라면은 오랜 보관 기간과 상온 보관이라는 편리함 때문에 대표적인 비상식량으로 취급된다. 그러나 라면은 쉽게 물리는 경향이 있어 라면 이외의 다양한 식품을 비상식량으로 비축하기를 원하는 사람이 늘어나면서 이와 같은 틈새를 구독 모델이 파고들고 있다. 레토르트 식품과 동결건조 식품, 통조림 등 어느 정도의 유통기한을 지닌 식품들로 종류를 다양하게 하여 재해가 발생하더라도 가급적 평상시 본인이 섭취하던 음식을 먹을 수 있도록 구독 서비스를 제공하고 있는 것이다. 일상에서 먹던 음식을 재해 상황에도 동일하게 먹는 것이 심리적으로 안심이 되기 때문이다.

또한 비상시에는 특히, 생수 이외에 조리를 위한 물을 확보하는 것이 어렵다. 이를 보완하고자 3년간 보관이 가능한 카레 제품을 품목에 더하거나 물로 데우지 않아도 조리하여 쉽게 먹을 수 있는 제품 등이 비상식량 구독 모델에 추가되어 있다. 컵라면으로 유명한 닛신식품은 '컵누들 롤링 스톡 세트'를 출시하며 컵라면과 컵밥 등 9끼의 식사와 스토브, 부탄가스, 물 등 비상시 필요한 것을 모아서 3개월마다 교체용 제품들을 정기적으로 배송하는 서비스를 제공하고 있다. 유통기한을 쉽게 관리할 수 있고 필요한 물품을 정기적으로 제공받을 수 있는 편리함 때문에 서비스 이용자가 늘고 있다. 위급 상황 속 사람들의 불안한 심리 상태를 정기적 물품 공급으로 채우기 위한 구독 모델이다.

▶ 비상식량 관련_출처 닛산식품

　　재난 상황에서 일반적인 식량은 제대로 보관하거나 조리할 수 없는 상태일 수 있는데, 이런 상황에서는 신선 식품이 쓸모없게 되기 때문에 비상식량의 구성품에서 신선 식품은 원칙적으로 제외된다. 포장만 뜯으면 간편하게 바로 먹을 수 있고 오랫동안 저장할 수 있는 식품들로 선정된다. 또한 재난상황에서의 식사는 적게 먹고도 많은 열량을 얻을 수 있는 음식이 주요 구성품이 된다. 언제 어떤 일이 어떻게 일어날지 모르는 상태이기 때문에 최대한 빨리 먹고 치운 뒤 빠른 경계 태세에 도움이 되어야 한다. 따라서 가열을 거치지 않는 식품이거나 젓가락, 숟가락 같은 별도의 도구가 필요하지 않아야 한다. 그렇기 때문에 일반적으로 생각할 수 있는 레토르트 카레, 일명 3분 카레와 즉석밥의 조화는 적합하지 않게 된다. 라면 또한 물을 끓여서 젓가락으로 먹어야 하기 때문에 적절하지 않다. 여러 상황을 고려하여 일본의 비상식량 구독 모델은 진화를 거듭하고 있다. 재난 상황의 기간에 비례하여 짧게는 하루 이틀에서 길게는 일주일까지 기간에 따른 물품을 배송하거나 태풍이나 지진 등 재난 형태에 따라서 구성품을 달리한다. 우리나라에도 코로나19로 인해 사회적 거리두기가 빈번하게 발생하고 바이러스 감염에 대비해 집콕 생활이 늘어가는 상황에서 참고할 만한 긍정적인 아이디어가 될 수 있을 것으로 본다.

12 우리 아이를 위한 깐깐한 이유식 구독 서비스

맞벌이 세대가 대부분인 요즘, 워킹맘의 육아를 서포트 하는 구독 서비스 중심에 이유식 시장이 있다. 이유식은 영유아기의 아기가 젖을 떼고 식사에 익숙해지도록 먹는 음식으로 죽과 유사하다. 부모가 재료와 제조 과정, 안전성에 매우 예민하게 반응하는 시기이기도 하여 재료 선택, 조리 과정, 혹시 모를 알레르기 반응 등 신경 쓸 부분이 한두 가지가 아니다. 이유식을 준비하는 과정은 더 복잡한데 재료를 구해서 씻고 준비하는 것만 해도 보통 일이 아니며, 더구나 한꺼번에 많이 먹지 못하기 때문에 재료를 조금씩만 구해서 조리해야 한다. 아무리 소포장 제품을 산다고 해도 이유식 양으로는 많기 때문에 버리는 재료도 생기고 비용적인 부담 또한 만만치 않다. 반면에 시중에서 판매하는 이유식은 간편해서 좋다. 구매하여 조리하거나 해동하여 바로 먹일 수 있기 때문이다. 하지만 부모 입장에서는 시중에 판매되는 제품을 단순히 구매해서 준다는 것에 왠지 모를 미안한 마음이 생긴다. 또한 시중에 판매되는 제품은 대중적인 제품으로 우리 아이만을 위해 특별한 무언가를 주고 싶어하는 부모의 바람면에서 아쉬움이 느껴지기도 한다.

이러한 틈새를 공략한 모델이 바로 일본의 MiL社가 제공하는 이유식 정기 구독 서비스다. 2018년 설립돼 도쿄에 본사를 둔 스타트업 기업 MiL은 일본에서 최초 정기 구독 방식으로 이유식을 서비스했다. 월정액 1만 1,980엔을 지불하면 냉동 포장된 20끼 분의 이유식을 배달해 준다. 간편하게 해동만 하면 바로 먹을 수 있고 철분, 아연, 비타민D 등 영유아기에 필요한 영양소를 한끼 식사로 섭취할 수 있도록 영양 배분을 한 것이 특징이다.

서비스 개시 후 약 1년 만에 2만 식 이상 판매되었으며 각종 소셜 미디어 등을 통해 마케팅에 집중한 덕분에 팔로워 수도 1만 명이 넘는다. 최근 파우치 스타일의 용기를 개발하여 기존 제품과는 달리 개봉 후에도 보존이 용이하도록 고안하고 파우치에서 별도 용기로 옮겨 담지 않고도 바로 섭취할 수 있도록 편리성을 극대화했다. 이유식 제품은 신선한 유기 채소만을 이용해서 만들며 소아과 전문의, 영양사가 공동으로 개발해 발육에 필요한 영양소를 상당 부분 섭취할 수 있도록 설계하여 아이들의 성장과 발달에 필요한 영양소 균형을 제공한다. 맛은 유명 셰프의 감수를 통해 해결하고 조미료는 일체 사용하지 않는다. 작은 g단위까지 계량하고 넣어서는 안 되는 조미료는 일체 첨가하지 않는다. 재료 선택과 조리 과정에도 전문가를 배치하여 아이의 연령에 따라 질감의 농도를 맞추는 등 세밀하게 신경을 쓴다. 이 때문인지 이용자의 이탈률이 매우 낮은 서비스로 평가받는다.

▶ MiL 이유식 구독 서비스_출처 mmitasu

무엇보다도 영유아기를 대상으로 이유식을 만드는 것이기 때문에 위생에도 철저하다. 방사능 검사, 위생, 세균 검사 등 엄격한 기준을 충족한 센터의 위생 환경 아래서 조리를 한다. 조리된 다음 개별 포장을 거쳐 서비스 이용자에게 배달이 되는데 이때, 상품의 보존율을 높이기 위해 사용하는 보존료도 일체 사용하지 않는 것이 특징이다.

이유식 분야의 가장 커다란 사업 리스크는 원재료 확보와 수급에 따른 비용 조절이 어렵다는 것이다. 유기농으로 재배된 양질의 식재료를 확보하여 제품을 만들었다고 하더라도 판매되지 않거나 예상과 달리 판매 실적이 저조하면 식재료를 폐기할 수밖에 없다. 유기농 식재료의 특성상 장기 보관이 어렵고 단가도 비싸다. 유기농 야채를 이용한 비즈니스는 원재료 확보에 따른 비용이 높고 수급 조절에 실패할 경우 폐기율도 높아져 공급자 입장에서는 리스크가 높은 분야이다.

구독 모델을 서비스에 도입하면 안정적인 이용자를 확보할 수 있어 수급 조절 및 식재료 폐기율을 현저하게 낮출 수 있다. MiL의 이유식 구독 서비스는 일반 시중 판로를 통해서는 일체 판매하지 않고 있으며 구독 서비스 회원에게만 제품을 제공함으로써 원재료 수급을 효율적으로 관리한다. 워킹맘의 불안 요소를 해결하고 안정적인 수급 조절을 통해 성장을 견인하는 모델로서 역할 중이다. 구독 서비스의 강점과 최근 트렌드를 반영한 결과라고 볼 수 있다. 비용을 받고 상품을 정기적으로 보내는 구독 서비스를 기반으로 한 이유식 시장은 기존의 제조 생산설비를 활용해 유아용 이유식을 집 앞까지 배달하고 맞춤형 식단을 짜는데 도움을 주는 방식으로 진화하고 있으며, 이 분야에는 우리나라의 풀무원, 남양유업 아이배냇 등도 진출해 있다.

13 건강도 구독으로 챙기자 디지털 헬스 케어

디지털 헬스 케어는 질병의 치료, 예방, 건강 관리 과정을 모두 포함한 것을 의미하며 세밀하게는 원격 의료나 건강 상담 등이 포함된다. 헬스 케어와 디지털 기술이 접목되면서 많은 사람들이 더 자유롭게 의료 서비스를 이용할 수 있게 되고 집과 병원 사이의 거리가 멀거나 도서 산간 지역과 같이 접근성이 떨어지는 곳에서도 언제든 의료 시스템을 통해 전문가 진료가 가능하게 되었다. 모바일 앱을 통해서 전문가와 상담하고 진료를 받거나, 원하는 의료 정보를 실시간으로 찾아 이용할 수 있다. 디지털 헬스 케어 중에서도 원격 의료 서비스가 주목받는 배경에는 경제력 있는 고령 인구가 증가한 것과 통신 인프라의 발달로 도서 등 의료 취약 지역에 간편하게 의료 서비스를 제공할 수 있게 되었기 때문이다. 우리나라는 의료진의 수가 많아 원격 의료에 대한 수요가 다른 나라에 비해 상대적으로 적은 편이지만 ICT 기술 수준이 높고 의료 정보의 데이터베이스가 잘 구축돼 있어 관련 비즈니스가 성장하는데 유리한 환경이다.

'텔라닥Teladoc'은 미국 최초, 최대 규모의 원격 의료 기업으로 월간 구독료를 내면 전화나 화상을 통해 24시간 의사에게 접근 가능한 의료 서비스를 제공한다. 개개인의 이용자가 타깃이기보다는 기업을 주 대상으로 하고 있다. 엄밀하게 말하자면 해당 기업의 소속 직원을 구독 모델로 연결한다. 전 세계 약 1만여 개의 고객社를 두고 있으며 130개국에 서비스되고 있다. 이용자는 약 6천만 명이 넘으며 구독 서비스 이용 비율은 그중에 80%를 차지한다.

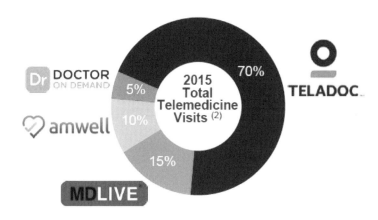

▶ 텔라닥 사업 구조_출처 텔라닥

서비스 자체는 간단하다. 환자가 앱을 통해 진료를 신청하면 곧바로 의사에게 연락이 오며 전화 혹은 온라인을 통해 진료를 받을 수 있다. 진료 내용은 전자 의무 기록으로 남기며 환자 상태에 따라서 처방전도 발급 가능하다. 직접 의사를 대면하지 않는 비대면 방식이지만 일반적인 대면 방식의 진료 모습과 같다. 약 3천 명의 의사가 독감, 결막염, 피부 질환에서부터 암에 이르기까지 급성 질환을 제외한 대부분의 질환을 관리한다. 구독 모델과 접목을 통하여 이용자는 언제든 편리하게 전문적인 의료 서비스를 받을 수 있는 것이다.

국내에는 정부의 원격 의료 서비스 한시적 허용 방침에 따라 최근 의료 기관과 동네 약국을 연결하는 '닥터나우'라는 유사한 구독 서비스가 있다. 전화 진료부터 배달까지 한 번에 가능하며 감기 몸살, 복통, 고혈압, 당뇨, 허리 통증 그리고 정신과 클리닉까지 다양한 진료가 가능하다. 핸드폰에 앱을 설치한 후 진료를 받고 싶은 항목을 선택하고 진료 요청을 하면 대기 시간이 표시된다. 대기 시간은 보통 30분을 넘지 않는다. 이후 의사의 진료를 통해 증상에 따른 처방이 내려진다. 이때 처방전을 약국으로 전송하면 30분 이내에 배달이나 택배를 선택하여 약을 받아 볼 수 있다. 이용자 주소를 기반으로 근거리 약국에서 처방약 픽업을 지원하고 있으며, 처방약 배달의 경우 제휴 약국에 한해 서비스된다. 서울 전역에서 조제약을 비대면으로 배달받을 수 있는데 만약, 원하는 약국이 근처에 없다면 직접 팩스번호를 입력하여 처방전을 약국으로 보낼 수 있다. 닥터나우의 누적 진료 건수는 약 10만 건을 넘어서며 지금도 증가 중이고 누적 이용자 수 또한 30만 명을 초과하며 계속 증가 추세이다. 정부의 원격 의료 서비스가 머지않아 제도적으로 완전하게 허용이 된다면 우리나라도 앞선 사례와 같이 구독 모델과 연계된 원격 의료 서비스로 성장할 수 있을 것이다. 참고로 이 구독 서비스는 나라마다 다른 의료 체계에 따라 진료 결과에 대한 책임 한계가 발생할 수 있다. 양자 간 진료에 따른 분쟁이 생겼을 때 이를 해결하는 방법이 나라마다 다르기 때문이다. 또한 진료 행위에 대한 안전장치가 담보되지 못한다면 서비스 확대에 허들이 될 수도 있기 때문에 나라에서 제시하는 정책에 알맞은 서비스를 구축할 수 있도록 해야 할 것이다.

똑똑한 판매자 현명한 소비자

구독 서비스

1판 1쇄 발행 2022년 5월 20일

저　　자 | 박의서
발 행 인 | 김길수
발 행 처 | ㈜영진닷컴
주　　소 | ㈜08507 서울 금천구 가산디지털1로 128
　　　　　 STX-V타워 4층 401호
등　　록 | 2007. 4. 27. 제16-4189호

©2022. (주)영진닷컴

ISBN | 978-89-314-6611-9

YoungJin.com **Y.**
영진닷컴